Sally Ann Voak

DAS DIÄTBUCH FÜR SCHOKOHOLICS

Bechtermünz

Titel der Originalausgabe
The Chocoholic Diet Book
Zuerst veröffentlicht 1992 in Großbritannien
von Blake Paperbacks Limited,
3, Bramber Court,
2 Bramber Road,
London W14 9PB

Deutsche Erstausgabe

Redaktion und Lektorat: Georgina Evans
Illustrationen: Steve Lewis
Ernährungswissenschaftliche Fachberatung:
Glynis McGuiness
Koordination und Bearbeitung der deutschen Ausgabe:
Neumann & Nürnberger, Leipzig – Machern
Übertragung ins Deutsche: Franka Reinhart, Bismark
Umschlaggestaltung: Paetow & Fliege, Augsburg
Umschlagmotiv: Michael Paetow, Augsburg
Gesamtherstellung: Clausen & Bosse, Leck

Printed in Germany

ISBN 3-8289-1946-4

Inhalt

Für Jan und die Schokoholics aus Bexleyheath in Kent (GB),
die gezeigt haben, dass es möglich ist,
abzunehmen *und* zu sündigen!

Vorwort

von **Dr. Gaston L. S. Pawan**, *Dr. Sc. (London), FRCPath.*
Fachärztlicher Berater für Stoffwechsel
und Ernährung des Menschen

Viele, vielleicht sogar die Mehrheit der Übergewichtigen in Westeuropa nehmen regelmäßig große Mengen von Schokolade zu sich. Man bezeichnet sie aufgrund ihrer Abhängigkeit als „Schokoholics", als Schokoladensüchtige. Trotzdem werden die psychologischen und ernährungsspezifischen Komplikationen, die mit dieser Form der Abhängigkeit verbunden sind, meistens übersehen oder von Seiten der Betroffenen und ihrer Gesundheitsberater nur oberflächlich betrachtet. Das Fehlen einer angemessenen Behandlung dieser Suchtform ist einer der wesentlichen Gründe, warum es den wenigsten Schokoholics gelingt, erfolgreich abzunehmen.

Sally Ann Voak ist es mit diesem wichtigen Buch gelungen, eine umfassende Darstellung der Schokoladensucht zu veröffentlichen. Sie beschreibt die Schwierigkeiten, die mit dieser Sucht verbunden sind ebenso, wie praktische Methoden und wie man diese Probleme bewältigen und auf Dauer schlank bleiben kann. Als Grundlage diente der Autorin dabei ihre mehr als zwanzigjährige Erfahrung als international tätige Journalistin und Autorin sowie ihre Arbeit für Funk und Fernsehen und als Gesundheits- und Schönheitsberaterin für Tausende von Abnehmwilligen.

Das Buch vermittelt einen faszinierenden Einblick in die Geschichte der Schokoladenherstellung und enthält Nährwertangaben für verschiedene Süßigkeiten sowie ein vergnügliches Kapitel über die angeblichen Wirkungen (sexuell, legendenhaft, wissenschaftlich) des Konsums von Schokolade. Die Autorin beschreibt einfache Methoden, wie man die verschiedenen Typen von Schokoholics erkennen kann und stellt Diätpläne, Rezepte, Menüvorschläge und Prinzipien für gesundes Essen vor.

Es gibt ein interessantes Kapitel über Massage, Meditation und sportliche Betätigung, das sicher für jedermann nützlich ist. Außerdem werden verschiedene Krankengeschichten von Schokoholics vorgestellt, in denen die spezifischen Probleme aufgezeigt werden, verbunden mit Hinweisen für ein erfolgreiches Abnehmen.

Dieses Buch wird allen Betroffenen, die den Wunsch haben, dauerhaft abzunehmen, eine große Hilfe sein. Die praktischen Ratschläge basieren auf den Prinzipien: gesundes Essen, sportliche Betätigung und richtige innere Einstellung und sind für alle Menschen empfehlenswert, die abnehmen und zugleich etwas für die Gesundheit und ihre körperliche Fitness tun wollen.

Dr. Gaston Pawan ist Ehrendozent, ehemals leitender Dozent, für Stoffwechsel am Fachbereich Medizin des Middlesex Hospital und der Medical School in London. Er ist ehemaliger Vorsitzender des Studienausschusses für Ernährung und Ernährungswissenschaft der Universität London.

KAPITEL 1

Was ist ein Schokoholic?

Das Wort „schokoladensüchtig" kommt uns oftmals allzu leicht über die Lippen – fast so leicht wie die cremige Füllung einer Nougatpraline. Aber was bedeutet dieser Begriff wirklich?

Das Thema Schokoladensucht taucht häufig in Werbespots auf, wo es verwendet wird um Süßigkeiten anzupreisen. Der Begriff wird dort leichtfertig auf gertenschlanke Models angewandt, die vermutlich höchstens einen Schokoriegel pro Woche essen. Im Gegensatz zum Alkoholismus wird der „Schokoholismus" jedoch nicht ernst genommen, sondern dient vielmehr als spaßige Bezeichnung für willensschwache Menschen, die gelegentlichen Schokoladen-Versuchungen nicht widerstehen können. Wenn dem wirklich so ist, warum schaffen es dann so viele Menschen nicht, ihren unstillbaren Appetit auf Schokolade in den Griff zu bekommen? Und warum wünschen sie sich nichts sehnlicher, als ihren Schokoladenkonsum reduzieren zu können?

Für Millionen von Betroffenen ist die Schokoladensucht alles andere als ein Spaß. Genau wie bei der Abhängigkeit von jeder anderen Droge (und Schokolade könnte man fast als „Droge" bezeichnen, da sie Chemikalien enthält, die Körper und Gehirn angreifen) bestimmt die Schokoladensucht das ganze Leben des Abhängigen. Die wenigen Glücksmomente, die man erlebt, während man eine ganze Packung

Trüffelpralinen, eine Tafel Vollmilchschokolade oder eine Tüte Schoko-Bonbons isst, sind schnell vergessen. Danach ist der bittere Preis dafür zu bezahlen: Schuldgefühle, Abscheu gegenüber sich selbst und der übermächtige Drang nach der nächsten „Dosis!". Schokolade kann so unwiderstehlich werden wie Sex, so suchterzeugend wie das Rauchen und so schwer aufzugeben wie beides zusammen.

Zu allem Überfluss nehmen die meisten Abhängigen durch den Schokoladenkonsum auch noch zu, da Schokolade einer der größten Dickmacher ist. Sie enthält Zucker und Fett und ist sehr kalorienreich. Wenn man zu viel davon isst, wird dadurch der Blutzuckerspiegel gestört. Aus diesem Grund ist es sehr schwierig, den Konsum einzuschränken oder komplett aufzugeben. Übergewichtigen Menschen, die zugleich Schokoholics sind, fällt es daher doppelt schwer, überflüssige Pfunde loszuwerden. Es ist fast so wie Achterbahn fahren – gerade ist man noch oben, um gleich wieder ganz unten anzukommen. Und hungrig ist man sowieso immer.

Mit diesem Buch möchte ich nachweisen, dass es möglich ist, diesen Teufelskreis zu durchbrechen und wirklich abzunehmen. Darüber hinaus zeige ich, wie man lernen kann, Schokolade in Maßen zu essen und dabei jedes einzelne Stück zu genießen.

Woher ich das so genau weiß? Ich habe vier Monate mit einer Gruppe von Schokoholics gearbeitet, die es alle geschafft haben ihre Sucht zu besiegen. Tatsächlich, so erstaunlich es klingen mag: Selbst eine stark Abhängige, deren tägliche „Dosis" aus sechs Schokoriegeln und zwei Packungen Schokokeksen bestand, kann heute ein oder zwei Schokoladen-Törtchen pro Tag genießen, ohne dabei Gewissensbisse zu haben. Obendrein hat sie fast 10 kg abgenommen. Ihr Name ist Wendi Cook und sie berichtet:

„Es ist unglaublich. Ich kann heute in ein Süßwarengeschäft gehen, einen Schokoriegel kaufen und ihn später zu Hause essen. Vorher habe ich immer zwei oder drei Riegel auf einmal gekauft und sie dann heimlich gegessen. Diese schnelle ‚Dosis' war alles andere als befriedigend und hinterher habe ich mich dafür gehasst. Ich habe die Schokolade sogar im Spielzeugschrank meiner Kinder versteckt. Mein Gewicht war völlig außer Kontrolle geraten. Jetzt, nach nur vier Monaten Schokoholic-Diät, habe ich abgenommen und mein Leben wieder im Griff. Es ist wunderbar."

Sie hat es geschafft – und Sie können es auch. Mit diesem Buch werde ich Ihnen den Weg zeigen. Essen Sie doch jetzt einfach ein Stück Schokolade. Genießen Sie es und fühlen Sie sich nicht schuldig dafür. Schon bald werden Sie schlanker und besser in Form sein und außerdem ihre Schokoladengelüste im Griff haben.

Wie die Schokoholic-Diät entstand

Die meisten Diäten werden von Fachleuten erfunden, die zu wissen meinen, was gut für uns ist und die dann versuchen, uns davon zu überzeugen. Einer Gruppe von Freiwilligen werden bestimmte Ess- und Trinkregeln auferlegt, die sie dann ähnlich wie Versuchskaninchen einhalten müssen. Es ist nicht überraschend, dass die meisten Versuchspersonen tatsächlich abnehmen, schließlich sind sie dafür hoch motiviert. Allerdings erfährt man höchst selten, was mit ihnen nach Beendigung der Schlankheitskur passiert.

Ich arbeite genau anders herum. Ich spreche zuerst mit den Menschen, um herauszufinden, worin ihre Probleme bestehen und welche Vorlieben und Abneigungen sie beim Essen und Trinken haben, um meine Ernährungsberatung genau auf sie zuzuschneiden. Manchmal erweisen sich meine eigenen Theorien als richtig, manchmal aber auch nicht. Wenn letzteres der Fall ist, verändere ich die Diätpläne, Verhaltensregeln und psychologischen Hinweise und passe sie an die Person oder die Personengruppe an, die an dem Versuch teilnimmt. Das bedeutet natürlich nicht, dass ich den Menschen empfehle, sich weiterhin von Fast Food zu ernähren und Alkohol zu trinken, wenn ihre Gewichtsprobleme daraus resultieren. Aber ich verlange nicht von ihnen, dass sie für den Rest ihres Lebens auf Hamburger und Bier verzichten sollen! Wenn Diäten nicht funktionieren, liegt es meist daran, dass sie zu pingelig, einengend oder einfach unpraktisch sind.

Ich helfe am liebsten Menschen, denen es, aus welchem Grund auch immer, sehr schwer fällt, abzunehmen. Je mehr sie davon überzeugt sind, dass sie es nie schaffen werden, ihr Gewicht zu reduzieren, um so besser! Beispielsweise arbeitete ich mit einer Gruppe, deren Teilnehmer aus Fatfield, einem Dorf im Nordosten Englands, stammen – allesamt Menschen, die gern und viel essen und mit ihrer Meinung nicht hinter dem Berg halten. Diese Gruppe ist durch die Medien unter dem Namen „Fatfield-Diätexperiment" sehr bekannt geworden. Wir entwickelten gemeinsam einen Diätplan, bei dem die Teilnehmer reichlich essen können. Es hat funktioniert und hält nach wie vor an. Unsere Fatfield-Gruppe besteht mittlerweile aus 60 Personen und es kommen immer noch mehr dazu. Bislang haben die Fatfield-Teilnehmer zusammen mehr als eine halbe Tonne abgenommen.

Etliche Betroffene aus Fatfield waren Schokoholics und ich fand heraus, dass sie zur Überwindung ihrer Sucht besondere Betreuung, Diätpläne und Beratung brauchten. Es ist ohnehin nicht einfach, wenn man Gewichtsprobleme hat, aber Schokoholics haben es augenscheinlich besonders schwer. Oftmals waren es emotionale Probleme, die sie daran hinderten, erfolgreich abzunehmen. Manche waren einsam, schüchtern oder fühlten sich ungeliebt, selbst wenn sie scheinbar aus glücklichen familiären Verhältnissen kamen. In einigen Fällen hatte auch der Alltagsstress einen erheblichen Anteil an den Gewichtsproblemen. Aus diesen Gründen bildeten wir eine separate, kleinere Gruppe für die Schokoladensüchtigen, um deren Probleme intensiver bearbeiten zu können. Alle Teilnehmer dieser Gruppe litten an Schokoladensucht in verschiedenen Ausprägungen und waren ausnahmslos übergewichtig.

Alle Teilnehmer wurden gebeten einen detaillierten Fragebogen auszufüllen, um mehr über ihre Schokoladensucht herauszufinden. In Einzelsitzungen wurde jeder Teilnehmer noch intensiver über seine Vorlieben und Abneigungen im Hinblick auf Schokolade befragt. Anschließend wurde jedem ein Diätplan übergeben, den er befolgen sollte. Wie Sie beim weiteren Lesen dieses Buches feststellen werden, bekommen selbstverständlich nicht alle Teilnehmer den gleichen Diätplan, da jeder Schokoholic anders ist. Allerdings kann man sie grob in sechs „Typen" unterteilen. Dazu mehr in Kapitel 4.

Im Verlaufe des Versuches wurden die Diätpläne modifiziert, es kamen interessantere Gerichte und Rezepte hinzu. Alle Teilnehmer wurden einmal pro Woche beraten, wobei sie dazu angehalten waren, uns umfassend sowohl über Erfolge als auch über Misserfolge zu unterrichten. Ich war erstaunt und erfreut, wie gut unsere Beratungssitzungen von der Gruppe angenommen wurden. Alle Betroffenen berichteten, dass sie sich unbewusst für ihre Schokoladensucht bestraft hatten und auch von mir Bestrafungen in Form von harten Worten oder Ungeduld erwarteten. Einige von ihnen hatten diese Art der Reaktion bei Leitern von Schlankheitsclubs im Zusammenhang mit früheren Abnehmversuchen bereits erfahren. Eine der wichtigsten Regeln für alle Übergewichtigen (nicht nur für Schokoholics) lautet jedoch, dass Schuldgefühle immer kontraproduktiv sind. Daher sind sowohl das Wecken von Schuldgefühlen als auch Bestrafungen jeglicher Art geradezu eine Garantie dafür, dass die Betroffenen wieder zunehmen!

Im Folgenden finden Sie ein Quiz, das an den Fragebogen angelehnt ist, den wir an unsere Teilnehmer verteilt haben. Versuchen Sie mit dessen Hilfe herauszufinden, ob Sie wirklich ein Schokoholic sind!

Wie man herausfinden kann, ob man ein Schokoholic ist

Da Sie dieses Buch gekauft haben, ist die Wahrscheinlichkeit relativ hoch, dass Sie ein Schokoholic sind. Als Sie den Titel in der Buchhandlung gesehen haben, ist Ihnen möglicherweise klar geworden, dass Sie ein Problem haben. Hier finden Sie ein einfaches Quiz, das Ihnen helfen wird, den Tatsachen ins Auge zu sehen. Beantworten Sie einfach die folgenden 20 Fragen mit „Ja" oder „Nein" und überprüfen Sie anschließend Ihr Ergebnis.

1. Essen Sie gerade Schokolade, während Sie diese Fragen beantworten?

Ja / Nein

2. Haben Sie dieses Buch gekauft, weil Sie sich Sorgen wegen Ihres starken Schokoladenkonsums machen?

Ja / Nein

3. Haben Sie als Kind von Ihrer Mutter oder Ihrem Vater Schokolade als Belohnung oder Trostpflaster bekommen?

Ja / Nein

4. Haben Sie schon einmal im Schrank, in einer Schublade, unter dem Bett oder in einem anderen Versteck einen geheimen Schokoladenvorrat angelegt?

Ja / Nein

5. Kaufen Sie oft Schokolade, wenn Sie andere Einkäufe machen, z. B. an der Kasse im Supermarkt oder an der Tankstelle?

Ja / Nein

6. Verschwinden Sie manchmal zu Hause oder auf Arbeit kurz auf der Toilette, um schnell eine „Dosis" Schokolade zu verdrücken?

Ja / Nein

7. Weiß die Ihnen am nächsten stehende Person, wie viel Schokolade Sie essen?

Ja / Nein

8. Essen Sie Schokolade, nachdem Sie Streit mit Ihrem/r Partner/in hatten?

Ja / Nein

9. Bestellen Sie im Restaurant als Dessert immer Schokoladentorte oder -creme?

Ja / Nein

10. Essen Sie manchmal mehr als eine Tafel Schokolade, eine ganze Schachtel Pralinen oder ein Päckchen Kekse auf einmal?

Ja / Nein

11. Würden Sie manchmal lieber Schokolade essen, statt eine richtige Mahlzeit zu sich zu nehmen?

Ja / Nein

12. Überkommt Sie der Drang nach Schokolade, wenn Sie Werbung dafür im Fernsehen oder in einer Zeitschrift sehen?

Ja / Nein

13. Fühlen Sie sich mehr geliebt und sind Sie selbst liebevoller, wenn Sie Schokolade essen?

Ja / Nein

14. Schenken Ihnen Ihre Freunde immer Schokolade, weil sie wissen, wie gern Sie sie essen?

Ja / Nein

15. Haben Sie schon einmal kurz vor Weihnachten oder Ostern eine Crash-Diät gemacht, um während der Feiertage mehr Schokolade essen zu können?

Ja / Nein

16. Haben Sie scheinbar mehr Energie, wenn Sie Schokolade gegessen haben?

Ja / Nein

17. Essen Sie Schokolade lieber allein als in Gesellschaft?

Ja / Nein

18. Denken Sie, dass Ihr Schokoladenkonsum der Grund für Ihr Übergewicht ist?

Ja / Nein

19. Haben Sie bereits vergeblich versucht, Ihre Lust auf Schokolade zu zügeln?

Ja / Nein

20. Stellen Sie sich vor, Sie wurden auf einer einsamen Insel ausgesetzt und haben nichts weiter als einen Bastrock, einen Riegel Bounty und ein paar Münzen aus Schokolade. Die Inselbewohner bieten Ihnen ein Boot als Gegenleistung für Ihre Süßigkeiten. Würden Sie auf diesen Handel eingehen?

Ja / Nein

Wie sieht Ihr Ergebnis aus?

Für jede Frage, die Sie mit „Ja" beantwortet haben, bekommen Sie einen Punkt. Eine Ausnahme bildet Frage 7, hier bekommen Sie einen Punkt, wenn Sie mit „Nein" geantwortet haben.

Weniger als 5 Punkte Sie sind ein großer Schokoladenfreund, aber noch kein echter Schokoholic. Allerdings bewegen Sie sich bereits auf dünnem Eis. Zunächst müssen Sie lernen Ihren Schokoladenkonsum unter Kontrolle zu bekommen. Essen Sie Schokolade, weil sie Ihnen schmeckt oder als Reaktion auf Stresssituationen oder benutzen Sie sie als Trostspender? Dieses Buch wird Ihnen helfen, das herauszufinden. Wenn Sie an Übergewicht leiden, können Sie einen der Diätpläne aus Kapitel 6 ausprobieren.

Zwischen 5 und 15 Punkten Ja, Sie sind ein Schokoholic! Sie sollten Ihre Probleme unbedingt klären, damit Ihre Neigung nicht zu einer gefährlichen Sucht wird. Schokolade ist im Begriff, Ihr Leben zu bestimmen. Deshalb ist es an der Zeit, bestimmte Verhaltensmuster zu durchbrechen. Ihre Schokoladensucht macht Sie raffiniert, launisch und unglücklich. Sie wiegen dadurch mehr als Sie sollten. Die gute Nachricht ist jedoch, dass Sie bereits den ersten Schritt in die richtige Richtung getan haben. Gut gemacht!

Zwischen 5 und 15 Punkten Oh je, Sie sind ernsthaft abhängig von Schokolade. Aber zum Glück haben Sie dieses Buch gekauft. Lesen Sie es sorgfältig und befolgen Sie alle Hinweise. In diesem Buch finden Sie eine Liste mit Adressen von Beratungsstellen. Dort kann man Ihnen weiter helfen. Schämen Sie sich nicht, fremden Rat anzunehmen. Ihre Schokoladensucht ist etwas, was Sie sehr ernst nehmen sollten.

Woraus besteht Schokolade?

Eine Kakaobohne besteht aus 50% Fett, 20–25% Kohlenhydraten, 5% Wasser, 1,5% Theobromin und Tyramin sowie 3,5% Mineralstoffen und Vitaminen. Dazu gehören unter anderem Kalium, Kalzium, Eisen, Magnesium, Natrium, Phosphor, Vitamin A, Thiamin, Riboflavin und Niacin.

Sie enthält außerdem Phenylethylamin, ein wirkungsvoller Stoff, der sich auch im menschlichen Gehirn findet.

Es handelt sich hierbei um ein natürliches Amphetamin, das aktiviert wird, wenn wir verliebt sind. Es ist für dieses wundervolle Glücksgefühl verantwortlich und versetzt uns in einen Zustand der Euphorie.

Bei der Schokoladenherstellung, werden den Kakaobohnen große Zuckermengen zugesetzt – ca. ⅖ des Gewichtes. Vollmilchschokolade enthält sogar noch mehr Zucker und zusätzlich Milchtrockenmasse. Wenn dieser Zucker in die Blutbahnen gelangt, erlebt man sofort eine Art Hochgefühl. Dies regt die Bauchspeicheldrüse dazu an, große Mengen von Insulin freizusetzen, um mit dem Anstieg des Blutzuckerspiegels fertig zu werden. Etwa 10 Minuten später fällt allerdings der Blutzuckerspiegel leider wieder drastisch ab, so dass auf das Hoch sofort ein Tief folgt, wodurch wiederum der Wunsch nach mehr Schokolade geweckt wird.

Außerdem ist in Schokolade Koffein enthalten, allerdings in geringer Konzentration. Obwohl der Koffeingehalt einer Tasse Kaffee oder Tee weitaus höher ist, kann das Koffein beim Genuss großer Mengen von Schokolade durchaus seine Wirkung zeigen: zum Beispiel durch gerötete Wangen und Herzklopfen.

Zehn Gründe, warum Schokolade dick macht

1. Schokolade ist ein beliebtes Trostpflaster, das von Eltern benutzt wird, um ihre Kinder aufzumuntern. Später trösten wir uns selbst damit, wenn irgend etwas schief läuft. Aus genau diesem Grund stürzen wir auch in einen Süßwarenladen und kaufen einen Riegel Snickers oder Mars, wenn wir mit dem Chef aneinander geraten sind. Und deshalb greifen wir auch in die Dose mit Schokokeksen, während wir uns im Fernsehen einen rührseligen Film anschauen oder nachdem wir die Kinder für ihr schlechtes Benehmen gemaßregelt haben.

2. Sie ist extrem kalorienreich. Wenn Kopfsalat so lecker wäre wie Schokolade, hätten wahrscheinlich nur sehr wenige Menschen Übergewicht. 100 g Kopfsalat enthalten nur ca. 11 Kalorien, während schon eine kleine 50 g-Tafel dunkle Schokolade mit ca. 250 Kalorien zu Buche schlägt. Da die meisten Frauen zunehmen, wenn sie mehr als 2000 Kalorien pro Tag zu sich nehmen, ist Schokolade gefährlich. Schon wenige Stücke am Tag zusätzlich zu Ihrer normalen Kost führen dazu, dass Sie immer weiter zunehmen!

3. Schokolade macht nicht satt. Der Körper fühlt sich getäuscht, wenn man eine richtige, ausgewogene Mahlzeit durch Schokolade ersetzt. Aus diesem Grund reagiert er darauf mit Lust auf mehr. Schokolade enthält Zucker und Fett. Leider enthält sie (außer Nussschokolade) keine Faserstoffe. Denn sie sind es, wodurch sich im Magen ein Sättigungsgefühl einstellt, das dann ans Gehirn weitergeleitet wird. Daher ist es für den Körper schwer festzustellen, wann er genug hat. Es sei denn, es wird Ihnen übel …

4. Schokolade kann man überall essen. Es ist allgemein akzeptiert, wenn man auf der Straße, bei einer Party, am Schreibtisch oder im Zug Schokolade isst. An der Bushaltestelle ist es natürlich viel bequemer einen Knusperriegel zu essen, als einen Sandwich. Und es ist viel einfacher in der Handtasche eine Packung m&ms verschwinden zu lassen, als einen Becher Hüttenkäse, der viel gesünder ist.

5. Sie ist überall zugänglich! Man kann das Haus nicht verlassen, ohne von Süßigkeiten geradezu überfallen zu werden. An der Tankstelle, im Supermarkt, in Verkaufsautomaten – überall ruft es „kauf mich, iss mich". Es ist einfach unfair!

6. Schokolade verursacht ein Hochgefühl, wie oben bereits beschrieben. Dieser Effekt tritt ein, wenn die in der Schokolade enthaltenen Stoffe Theobromin und Tyramin sich mit

raffiniertem Zucker verbinden. Unmittelbar darauf folgt jedoch ein Absinken des Blutzuckerspiegels, wodurch das Bedürfnis nach einer erneuten „Dosis“ geweckt wird. Daraus kann dann sehr schnell ein ungehemmter Konsum werden. Durch Koffein wird dieser Effekt noch verstärkt. Für Kaffee- oder Colatrinker ist aus diesem Grund die Gefahr von Exzessen noch größer.

7. Schokolade kann als Ersatz für Sex dienen. Das klingt absurd? Tatsächlich enthält Schokolade Phenylethylamin, einen Stoff, den unser Gehirn produziert, wenn wir verliebt sind. Das erklärt auch, warum Menschen, die gleichzeitig an Übergewicht und Beziehungsproblemen leiden, häufig „Schokoladenattacken“ bekommen. Wenn es bei Ihnen einen Zusammenhang zwischen Übergewicht und Liebesleben gibt (was oft der Fall ist), dann wird durch Schokolade alles nur noch schlimmer.

8. In Werbespots wird Schokolade oft als aufregender Genuss dargestellt. Ein attraktives Mädchen sitzt mit sündhaft teuren Dessous am Fenster. Sinnlich beißt sie in einen phallusförmigen Schokoladenriegel und schaut hinaus in den Nebel. Sie wartet offensichtlich auf einen gutaussehenden Typen, und mit der Schokolade bringt sie sich schon mal in Stimmung … Tja, wenn man versucht, mit zwei schwierigen Kindern zurechtzukommen und gleichzeitig das Chaos vom Vorabend zu beseitigen, ans Telefon zu gehen und die Wäsche zu bügeln, ist die Vorstellung von einem Schokoriegel nur allzu verlockend. Zwei Stück wären natürlich noch besser … und so nimmt das Unheil seinen Lauf.

9. Prämenstruelle Essanfälle beziehen sich oft auch auf Schokolade. Gerade vor der Monatsblutung, wenn sich Frauen besonders verletzbar fühlen, erscheinen Süßigkeiten besonders verlockend. Wenn die Hormone verrückt spielen und dadurch Flüssigkeitsretentionen und Stimmungsschwankungen auftreten, scheint Schokolade genau das richtige

Mittel zur Linderung zu sein. Leider macht sie aber alles nur noch schlimmer.

10. Schokolade zu essen stellt kein Tabu dar. Auch wenn Sie sich wegen Ihrer Schokoladensucht vielleicht schämen, werden Sie deswegen keine Missbilligung durch die Gesellschaft erfahren. Wenn Sie den ganzen Tag in der Kneipe sitzen und trinken würden, dann gäbe es auf jeden Fall Gerede. Aber zu Hause zu sitzen und den ganzen Tag einen Riegel Mars nach dem anderen in sich hineinzustopfen, ist in Ordnung. Aber ist es das wirklich?

KAPITEL 2

Schokolade und ihre Geschichte

Wenn man den sinnlichen Geschmack und die exotische Herkunft der Schokolade betrachtet, ist es nicht verwunderlich, dass sie als besonderer Genuss gilt. Über Jahrhunderte hinweg konnten sich dieses Vergnügen nur die ganz Reichen leisten. Die meisten konnten gar nicht so viel davon essen (oder trinken), als dass sie sich um die Auswirkungen auf ihre Figur hätten Gedanken machen müssen. Heutzutage ist Schokolade für jedermann zugänglich, und im Vergleich zu anderen Delikatessen ist sie relativ preiswert.

Die Azteken waren die ersten Schokoholics der Geschichte. Um ca. 600 n. Chr. bauten sie im Amazonasbecken die ersten Kakaobäume an. Sie bevorzugten es, die Bohnen zu mahlen, mit Chilipulver zu mischen und das Ganze mit Wasser aufzugießen. Dieses schaumige Getränk nannten sie Chocolatl. Im Jahre 1519 bewirtete der berühmte Aztekenherrscher Moctezuma (Montezuma) den spanischen Eroberer Hernando Cortés mit einem Festessen. Dazu gehörten auch 50 große Krüge voll Chocolatl, das in Bechern aus purem Gold serviert wurde. Als Cortés nach Spanien zurückkehrte (nachdem er zuvor den armen Moctezuma getötet und Mexiko erobert hatte) brachte er auch einige Kakaobohnen mit.

Zunächst waren die Spanier nicht besonders begeistert vom Geschmack des auf aztekische Weise zubereiteten

Chocolatl. Es war sehr bitter und schmeckte nicht besonders gut. Außerdem bekamen sie davon Bauchschmerzen (die man später als Montezumas Rache bezeichnete). Als man aus der Neuen Welt jedoch auch Zucker und Vanilleschoten mitbrachte, fügte man diese Zutaten den gemahlenen Kakaobohnen zu und bereitete daraus ein wohlschmeckenderes Getränk, das auf viel Wohlwollen stieß.

Mehr als 100 Jahre lang besaßen die Spanier das Monopol für den Handel mit Schokolade. Mittlerweile wurden die Kakaobohnen in Mittelamerika als Zahlungsmittel verwendet. Das bedeutete, dass die wenigsten Menschen sich das Schokoladengetränk leisten konnten. Für zehn Bohnen bekam man ein Kaninchen und eine Frau für die Nacht. Schon für 100 Bohnen konnte man einen recht kräftigen Sklaven kaufen. Daher war das „Schokogeld" offensichtlich zu wertvoll, um es zu verschwenden.

Zu Beginn des 15. Jahrhunderts gelangte die Schokolade nach Italien und Frankreich und kam dort ganz groß in Mode. Prinzessin Maria Theresia von Spanien war davon so begeistert, dass sie auch ihren Ehemann, König Ludwig XIV. von Frankreich, überredete, davon zu kosten. Er wurde ebenfalls süchtig danach, und fortan beschäftigte das Königspaar ein spezielles „Schokoladenmädchen", das für die Zubereitung zuständig war.

Da man der Schokolade stärkende Eigenschaften beimaß, dürfte sie in der Oberschicht auf Grund ihres hohen Fettgehaltes vielfach für runde Hüften gesorgt haben. Die Kakaobohne enthält ca. 50 % Fett, was sich bei der Zubereitung des Getränks an der Oberfläche absetzte, so dass man einen Teil davon entfernen konnte. Der größte Teil blieb jedoch erhalten. Als 1657 das erste Schokoladenhaus in London eröffnet wurde, war das Getränk so fettig, dass man ihm zur Neutralisation Weizen-, Hafer- oder Pfeilwurzelmehl zusetzte. Im Jahre 1882 entwickelte ein Holländer mit dem Namen Coenraad Van Houten eine Hydraulikpresse, mit deren Hilfe man die Kakaobutter fast vollständig entfernen konnte und Kakaopulver erhielt.

Diese Erfindung ebnete den Weg für die beiden Engländer John Cadbury und Joseph Fry. Sie begannen die gemahlenen Bohnen mit Zucker und zusätzlicher Kakaobutter zu versetzen und produzierten daraus Tafelschokolade. Ab Mitte der 60-er Jahre des 19. Jahrhunderts wurde es immer beliebter Schokolade zu essen, und sie nahm zugleich immer kunstvollere Formen an. Edle Pralinenmischungen wurden in prachtvollen Behältern verkauft, teilweise in samtbesetzten, verspiegelten Kästchen oder in handbemalten Dosen. Die Franzosen und Schweizer erlangten wahre Meisterschaft bei der Herstellung von exotischen Schokoladenpräsenten. Es dauerte jedoch nicht lange, bis die Hersteller in England aufholten, dicht gefolgt von den Amerikanern.

Es ist interessant, dass viele der großen Schokoladenhersteller auch große Menschenfreunde waren. Joseph Fry, Henry Rowntree und John Cadbury waren allesamt Quäker. Für sie war Schokolade attraktiv, da sie wie Tee und Kaffee alkoholfrei war. Sie sorgten für ihre Arbeiter, indem sie ihnen kostenlose ärztliche Untersuchungen, Uniformen und sogar Gymnastikstunden ermöglichten. In Frankreich baute der Chocolatier Jean Menier für seine Arbeiter das erste „Schokoladendorf". Die Söhne von John Cadbury, George und Richard, taten es ihm 1879 gleich, indem sie das berühmte Dorf Bournville in der Nähe von Birmingham errichteten. Heute werden in einer modernen Fabrik 15000 Tafeln Schokolade pro Stunde verpackt. In Amerika erbaute Milton Hershey eine Modellstadt, die er Hersheyville nannte. Dort wurde der berühmte Hershey-Riegel als Energienahrung für die Soldaten im Zweiten Weltkrieg entwickelt.

Schokolade und Ostern

Seit Ostereier aus Schokolade in Mode gekommen sind, ist die Schokoladenherstellung zu einem noch viel einträglicheren Geschäft geworden. Eier wurden als Fruchtbarkeitssymbol schon immer mit Ostern in Verbindung gebracht und stehen als solches in natürlichem Zusammenhang mit dem Frühlingsfest. Als die Kirche in Europa das heidnische Osterfest übernahm, wurden von manchen Menschen die Eier als Symbol für den Stein vor dem Grab Jesu gedeutet, der zu Ostern weggerollt worden war. Außer Schokoladeneiern verwendete man bemalte Eier oder stellte sie aus den verschiedensten Materialien her, wie zum Beispiel aus wertvollen Steinen oder Pappe.

Deutsche und französische Schokoladenhersteller waren die ersten, die versuchten, Schokoladeneier zu produzieren, indem sie mühevoll einzelne Formen mit Schokoladenmasse bestrichen. In Großbritannien wurden 1875 die ersten Eier hergestellt, nachdem Cadbury ein Verfahren entwickelt hatte, mit dem man Schokolade in Formen gießen konnte. Heute dient der Hohlkörper (der meist den kalorienärmsten Bestandteil der Eier bildet, da er sehr dünn ist) oft als Behälter für Dinge aller Art, von Spielzeug bis hin zu Schokoriegeln.

Für Schokoholics ist das Osterfest vor allem ein kalorienreicher Alptraum. Den Verlockungen in den Supermärkten können sie angesichts der herrlich bunten Eier erwartungsgemäß kaum widerstehen. Unschuldig liegen die Eier in den Regalen und vermitteln eine anziehende Verbindung von Sex, Fruchtbarkeit und unwiderstehlicher chemischer Energie. Kein Wunder also, dass wir uns geradezu genötigt fühlen sie zu kaufen. Sich den Kaloriengehalt der Pralinen und Eier vor Augen zu führen, ist die beste Methode, mit dieser Versuchung umzugehen (siehe dazu die

Tabelle auf Seite 162). Kaufen Sie die Sorte mit den wenigsten Kalorien und nehmen Sie sich fest vor, nur ein Ei zu essen, statt ein ganzes Dutzend.

Sex, Lust und Schoko-Erotika

Ist Schokolade nun ein Aphrodisiakum? Die frühen Schokoladenliebhaber waren definitiv dieser Meinung. Schließlich hatten sie noch nie etwas ähnliches probiert. Schokolade kam aus einem exotischen Land, war sehr teuer, hatte einen sinnlichen Geschmack und zusätzlich den Vorteil, dass man sich dadurch geliebt und liebend fühlte. (Natürlich wussten sie noch nichts von Phenylethylamin, das dem Gehirn der Schokoladenfreunde Verliebtheit vorgaukelte, sie jedoch nicht vom Liebesdrang befreite!)

Sie hatten auch die Legenden von der unglaublichen Wirkung der Schokolade als Liebestrank gehört: Moctezuma trank angeblich große Mengen davon, bevor er seine Frauen besuchte. Außerdem wies er seine Kakaopflanzer an, auf den jungen Pflanzen Geschlechtsverkehr zu praktizieren, um das Wachstum zu beschleunigen! Auch Casanova war von den aphrodisischen Kräften der Schokolade überzeugt. Er bevorzugte es, seine Eroberungen mit heißer Schokolade zu beglücken, statt mit Champagner. Dieser brachte die Damen zwar in Stimmung, machte sie aber andererseits auch zu müde und zu emotional für stürmische Vergnügungen. Heute sind Pralinen oft das erste Geschenk, das eine Frau von einem neuen Liebhaber bekommt (oder von einem alten, der befürchtet, dass die Liebesglut erkaltet sein könnte). Unbewusst hofft er, damit die Leidenschaft seiner Geliebten zu entflammen. Das mag zwar funktionieren, aber nach zu vielen Präsenten dieser Art ist die Angebetete möglicherweise kräftiger als ihnen lieb ist! Die Vorstellung, eine Schachtel Pralinen geschenkt zu bekommen, ist für viele Frauen so verlockend, dass nur wenige ein solches Angebot ablehnen. Schokolade mit ins Bett zu nehmen, ist daher eine logische Konsequenz für einsame Frauen, da der durch die Pralinen vermittelte Trost und „Beistand" der ideale Ersatz für einen Mann zu sein scheinen. Das wiederum ist jedoch gefährlich, denn mit einem Mann im Bett verbraucht man Kalorien, während zu viele Nächte mit Schokolade als Tröster garantiert für zusätzliche Pfunde sorgen.

Frauen haben Schokolade schon immer auch dazu benutzt, um ihre Männer in Schwung zu bringen. Die berühmte französische Kurtisane Madame du Barry verabreichte sie ihren Liebhabern, wenn diese sich etwas schlapp fühlten. Die kräftigende Energie der Schokolade hielt man für so wirkungsvoll, dass englische Herren im 17. Jahrhundert vor einem Besuch bei ihrer Geliebten zuvor ein Schokoladenlokal aufsuchten, um einen kräftigen Schluck zu sich zu nehmen. Manchmal hielt auch die Geliebte eine Tasse heiße Schokolade in ihrem Schlafgemach bereit, um den armen Burschen in Stimmung zu bringen. Denken Sie an diesen Aspekt, wenn Sie Ihrem Partner am Ende eines anstrengenden Tages eine dampfende Tasse heiße Schokolade servieren! Für Mönche galt ein Schokoladenverbot, wenn sie ihre Leidenschaft nicht mehr bändigen konnten, und ein Zeitungsartikel warnte im Mai 1712 die Leser davor, „sich der Schokolade, Romanen und ähnlichen Dingen hinzugeben, die ich für sehr gefährlich erachte".

Schockierende Pralinen

Seit die Hersteller entdeckt hatten, wie man Schokolade in Formen gießen konnte, nahm die Produktion professionellere Formen an. Zunächst produzierte man auf diese Weise Schokoladeneier. Aber schon bald folgte darauf eine Vielzahl von ungewöhnlichen, manchmal auch ziemlich gewagten Schokoladenpräsenten. Vor allem die frechen französischen Chocolatiers taten sich dadurch hervor. So bekam man unter dem Ladentisch phallusförmige Pralinen, Schokoladenbrüste und -hinterteile, während auf dem Ladentisch das normale Geschäft mit den Eiern, Hasen und Zuckerpralinen weiterging. Obwohl diese Anzüglichkeiten während des Krieges und der Entbehrungen der 50-er Jahre des 20. Jahrhunderts verschwanden, meldeten sie sich in den sexy Siebzigern lautstark zurück. Sie wurden in Sex-Shops zusammen mit anderen Hilfsmitteln für ein stürmisches Liebesleben verkauft. Auch in den frechen neunziger Jahren florierte das Geschäft mit Schokoladen-Erotika nach wie vor prächtig. Unanständige Pralinen kann man mittlerweile ganz offen in Geschäften für Geschenkartikel kaufen und besonders zu Weihnachten sind sie ein großer Renner. Einer der Bestseller war zum Beispiel der „Saucy Stocking", ein Strumpf gefüllt mit zwei Brüsten, zwei Hinterteilen und einem Penis. Nach Angaben des Londoner Unternehmens, das dieses Produkt herstellt, wurde es hauptsächlich von Frauen als Geschenk für ihre Ehemänner gekauft. Madame du Barry hatte also offensichtlich die richtige Idee!

Meiner Ansicht nach stellt Schokolade in kleinen Mengen durchaus ein Aphrodisiakum dar. Eine delikate Süßigkeit, in der richtigen Stimmung und mit dem richtigen Partner ‚vernascht', kann sinnliche Gedanken wecken, begleitet durch all die angenehmen körperlichen Gefühle … Probleme treten dann auf, wenn Schokolade als Liebesersatz in großen Mengen verzehrt wird. Das führt unweigerlich zu Gewichtsproblemen – und daraus resultiert oftmals, dass die Betroffenen sich depressiv, weniger liebenswert und liebesunfähig fühlen. Nina Myscow, britischer Fernsehstar und selbst Schokoholic sagt über sich: „Als ich noch allein lebte, wachte ich nachts oft auf und hatte einen unstillbaren

Drang nach Schokolade. Einmal fuhr ich sogar zu einem 24-Stunden-Supermarkt, nur um einen Schokoladen-Donut zu kaufen … und dann aß ich ihn auf, noch bevor er aufgetaut war! Jetzt, da ich mit meinem Freund zusammen lebe, esse ich immer noch gelegentlich Schokolade im Bett. Heute reicht mir allerdings ein kleines Stück davon!"

Acht unglaubliche Fakten über Schokolade

1. Würde man alle Süßigkeiten aneinander reihen, die in einem Jahr verkauft werden, so reichten sie von Birmingham bis Bangkok und zurück.
2. Würde man alle von Cadbury's produzierten Schoko-Eier übereinander stapeln, so wäre der entstandene Schokoladenberg zehnmal höher als der Mount Everest.
3. Pro Sekunde werden in Großbritannien vierzig Kit Kats konsumiert.
4. Die Milchmenge, die von der britischen Schokoladenfirma Dairy Milk jedes Jahr verarbeitet wird, könnte 14 olympische Schwimmbecken füllen.
5. Das Geld, das innerhalb einer halben Stunde für Süßigkeiten ausgegeben wird, würde ausreichen, um alle Eintrittskarten für ein Madonna-Konzert zu bezahlen.
6. Die Menge an Schokolade, die pro Jahr in Großbritannien verkauft wird, hat ein Gewicht von insgesamt 3000 Blauwalen.
7. Allein in Großbritannien werden pro Sekunde umgerechnet 300 DM für Schokolade ausgegeben.
8. Die weltweit führenden Schokoladenkonsumenten sind die Schweizer mit 9,5 kg pro Kopf und Jahr. An zweiter Stelle kommen die Norweger mit 7,9 kg, dicht gefolgt von den Briten mit 7,4 kg. Darauf folgen die Belgier (6,9 kg), die Holländer (6,8 kg), die Deutschen (6,6 kg) und die Iren (6,4 kg). Die Amerikaner essen 5,1 kg pro Kopf und Italie-

ner sind wahrscheinlich von ihren Spaghetti so satt, dass sie nur 1,8 kg schaffen. Wenn man jedoch Kekse, Konditoreiwaren und Schokolade zusammen nimmt, belegen die britischen Süßzähne mit jährlich 25 kg pro Kopf den ersten Platz an der Welttafel.

KAPITEL 3

Belohnung, Trost und Schuldgefühle

Haben Sie sich schon manchmal so richtig depressiv und elend gefühlt, sich nach den tröstenden Armen Ihres Partners oder Ihrer Mutter gesehnt und stattdessen Schokolade gegessen? Die meisten Menschen tun genau dies. Tatsächlich gibt es ein paar gewichtige Gründe dafür, warum wir so emotional auf Schokolade reagieren.

Die Vorliebe für Süßes wie Schokolade steht in engem Zusammenhang mit unserer Kindheit und Mutterliebe. Das erste, was ein Baby zu sich nimmt, ist Milch, und diese hat einen hohen Fettgehalt – ebenso wie Schokolade. Wenn ein Kind größer wird und verschiedene Nahrungsmittel ausprobiert, schmecken ihm die mit eindeutigem Geschmack am besten: Produkte mit starkem Aroma wie Tomatenketchup, Süßigkeiten und Schokolade. Erst später, bei Heranwachsenden, entwickeln sich dann die Geschmacksknospen, so dass wir auch feinere und delikatere Speisen und Getränke zu schätzen wissen.

Wir werden so sensibel für Gerüche und Speisen, dass wir erstaunlich gut zwischen sehr ähnlichen Aromen unterscheiden können. Auf diese Weise trägt die Natur dazu bei, dass wir ein Gefühl für die Vielzahl von Nährstoffen bekommen, die wir für unsere Ernährung brauchen und dass wir die Feinheiten der Sexualität – den Geschmack und Geruch der Liebe – kennen lernen. Aus diesem Grund fühlen wir uns auch oft wie Kinder, wenn wir unsere Bratwurst mit viel Ketchup essen oder tief in eine Tüte m&ms greifen. Dieses kindliche Gefühl ist etwas sehr tröstliches, da die meisten von uns mit diesem Lebensabschnitt viel Positives verbinden: Sicherheit, Wärme und Liebe. Wenn unsere Eltern uns früher mit Süßigkeiten für gutes Betragen belohnten oder uns mit süßem Essen über Traurigkeit hinweg trösteten, dann ist dieses Gefühl um so stärker.

Die Psychologin Jane Firbank meint dazu: „Den meisten Menschen ist gar nicht klar, wie stark wir von diesen primitiven Gefühlen bestimmt werden. Wussten Sie zum Beispiel, dass sehr oft für Krankenbesuche Schokolade mitgenommen wird, weil sich Kranke in einem kindlich hilflosen Zustand befinden und wir deshalb das Gefühl haben, sie wie ein Kind behandeln zu müssen? Das mag herablassend klingen, ist aber eigentlich schmeichelhaft, denn wir bieten dem Menschen mit der Schokolade gleichzeitig Liebe, Trost und Nahrung an!"

Auch der Mann, der seiner Freundin eine Schachtel Pralinen schenkt, übermittelt ihr damit Botschaften sowohl mütterlicher, als auch sexueller Natur. Eigentlich sagt er damit: „Ich werde für dich sorgen," so Jane Firbank. „Dies kann er tun, ohne damit seine Männlichkeit aufzugeben, einfach indem er ihr die Pralinen schenkt."

Jüdische Mütter sind dafür bekannt, dass sie ihren Kindern als Liebesbeweis Essen aufdrängen. Natürlich verbringt jede Mutter viel Zeit damit, ihr Kind mit liebevoll zubereiteten Speisen zu ernähren. Problematisch wird es nur, wenn Mütter ihre Kinder zwingen, ihren Schokoladenpudding aufzuessen, statt die Hühnersuppe!

Jane Firbank dazu: „In Extremform kann dies sehr gefährlich werden. Die Mutter sagt ja dann geradezu: Wenn du mein Essen nicht willst, lehnst du mich damit ab." Die Reaktion des Kindes wird vermutlich lauten: aufessen und den Mund halten. Später kann jedoch durch diese Erfahrung das Leben dieses Menschen stark beeinträchtigt sein. Eine sehr dominante Mutter kann eine ganze Familie in die Schokoladensucht treiben."

Was kann ein Schokoholic nun eigentlich tun? Erstens sollten Sie erkennen, dass dies alles sehr verbreitete Probleme sind und Sie nicht der einzige Mensch sind, der zu Exzessen neigt, sobald etwas schief läuft. Zweitens ist es sinnvoll, sich mit Hilfe dieses Buches körperlich besser in Form zu bringen, wenn Sie übergewichtig sind. Wenn Sie sich selbst gegenüber ein besseres Gefühl haben, sich öfter an der frischen Luft bewegen, Sport treiben und Spaß haben, haben Sie auch weniger Anlass für Depressionen und Zuflucht zu „kindlichen Sehnsüchten"! Nachfolgend finden Sie eine Liste mit Alltagssituationen, die häufig „Schokoladenattacken" hervorrufen sowie einige alternative Vorschläge für den Umgang damit. Versuchen Sie es!

Schokoladenersatz

Nicht jede schwierige Situation im Leben muss man mit Hilfe von Süßigkeiten bewältigen. Wenn Sie allerdings von Ihren Eltern so erzogen wurden, dass Sie bei „Wehwehs" Schokolade in den Mund geschoben bekamen, ist es nicht leicht, diese Gewohnheit abzulegen. Aber Sie können es schaffen – Übung macht den Meister.

Nachfolgend finden Sie eine Aufstellung von zehn alltäglichen Problemen mit der zu erwarteten Reaktion eines Schokoholics, sowie Vorschlägen für Alternativen.

Uhrzeit 7.00 Uhr
Problem Sie haben verschlafen – schon wieder! Ihr Partner zeigt keinerlei Verständnis und für ein Frühstück reicht die Zeit nicht mehr.
Schokoholic-Reaktion Sie kaufen im Zeitungsladen eine Rolle

Schokobonbons, essen sie im Bus oder Zug und reden sich ein, dass Sie diese schnelle Energiezufuhr brauchen.
Anti-Schokoholic-Lösung Bereiten Sie am Abend vorher einen gesunden Salatsandwich vor, den Sie in Folie wickeln und in den Kühlschrank legen. Auf dem Weg zur Arbeit können Sie ihn statt der Süßigkeiten essen.

Uhrzeit 11.00 Uhr
Problem Ihr Chef hat Sie zu sich ins Büro zitiert, weil Sie zu spät gekommen sind. Sie haben die Nase voll und langweilen sich auf Arbeit zu Tode. Ihr Blick fällt auf den Snack-Automaten im Flur.
Schokoholic-Reaktion Sie holen sich zwei Mars-Riegel und schlingen sie so schnell hinunter, dass Ihnen ganz übel davon wird.
Anti-Schokoholic-Lösung Sie holen tief Luft und entschuldigen sich beim Chef. Stellen Sie eine Liste zusammen, wie man die Produktion in Ihrem Zuständigkeitsbereich verbessern könnte oder notieren ein paar Ideen für ein neues Projekt. Vertiefen Sie sich in Ihre Arbeit, so dass Sie gar nicht an den Automaten denken müssen.

Uhrzeit 13.00 Uhr
Problem Ihr/e Partner/in hat gerade angerufen um die Verabredung zum Mittagessen abzusagen, weil er/sie zu viel zu tun hat. Sie sind enttäuscht und fragen sich, ob er/sie die Wahrheit sagt.
Schokoholic-Reaktion Sie gehen in die Kantine und gönnen sich ein üppiges Mahl mit Hamburger und Pommes und als Nachtisch eine Tafel Schokolade mit Rosinen und Nüssen.
Anti-Schokoholic-Lösung Bewegung ist die beste Methode um Dampf abzulassen. Gehen Sie erst im Park eine Runde spazieren und anschließend zum Essen in die Kantine. Die

Chancen stehen gut, dass Sie jetzt ein ausgewogeneres Gericht wählen.

Uhrzeit 16.00 Uhr
Problem Ihnen fällt plötzlich ein, dass Sie versprochen haben, auf der Elternversammlung heute Abend einen Vortrag zu halten. Panik überfällt Sie – Sie haben noch nichts vorbereitet!
Schokoholic-Reaktion Sie wühlen in Ihrem Schreibtisch oder Spind und finden ein paar Schokokekse und stopfen sie in sich hinein.
Anti-Schokoholic-Lösung Holen Sie ein paarmal tief Luft um sich zu entspannen. Sie kennen das Thema und haben auf der Fahrt nach Hause noch genügend Zeit, um ein paar Zeilen aufzuschreiben – also kein Grund zur Panik.

Uhrzeit 18.00 Uhr
Problem Ihr/e Partner/in hat schlechte Laune (auf Arbeit ging es heute hektisch zu) und bricht einen alten Streit vom Zaun über die finanzielle Lage der Familie im Allgemeinen und Ihre Extravaganz im Speziellen.
Schokoholic-Reaktion Sie schließen sich mit einem Schnaps und einem Riegel Mars auf der Toilette ein und warten, bis die Schimpfkanonade vorbei ist.
Anti-Schokoholic-Lösung Legen Sie eine beruhigende Musik ein, setzen Sie sich mit Ihrem/r Partner/in zusammen und planen Sie gemeinsam das Wochenbudget.

Uhrzeit 21.00 Uhr
Problem Ihr Vortrag ist gut gelaufen, aber Sie sitzen inmitten einer Gruppe von langweiligen Eltern, die über Sponsorengewinnung lamentieren. Ihnen geht das alles auf die Nerven und Sie fühlen sich magisch von der Schokoladen-Biskuitrolle auf dem Kuchenteller angezogen.

Schokoholic-Reaktion Sie nehmen sich drei Scheiben, schlingen sie hinunter und trinken eine Tasse Kaffee dazu.
Anti-Schokoholic-Lösung Sie finden eine Ausrede, entschuldigen sich höflich und gehen nach Hause – Sie haben Ihre Pflicht getan.

Uhrzeit 22.00 Uhr
Problem Als Sie nicht da waren hat Ihre Mutter angerufen, um zu fragen, warum Sie schon wieder ihren Geburtstag vergessen haben. Sie wollte, dass Sie zurückrufen, sobald Sie nach Hause kommen …
Schokoholic-Reaktion Sie erinnern sich an die Schwarzwälder Kirschtorte im Kühlschrank, schneiden sich ein Stück ab und schlingen sie hinunter. Dann rufen Sie Ihre Mutter an und kriechen zu Kreuze.
Anti-Schokoholic-Lösung Nehmen Sie sich vor, Ihrer Mutter am nächsten Morgen Blumen zu schicken. Sie schalten den Anrufbeantworter ein, schauen sich die Nachrichten im Fernsehen an und trinken dazu eine Tasse beruhigenden Tee.

Uhrzeit 22.30 Uhr
Problem Sie haben Lust auf Sex, Ihr/e Partner/in jedoch nicht. Er/sie will nicht einmal mit Ihnen kuscheln.
Schokoholic-Reaktion Sie schleichen nach unten und nehmen sich noch ein Stück Torte. Danach ist Ihnen die ganze Nacht übel. Ergebnis: Sie können beide nicht schlafen.
Anti-Schokoholic-Lösung Sie kitzeln Ihre/n Partner/in an den Füßen und erzählen ihm/ihr einen albernen, anzüglichen Witz. Lachen ist das beste Aphrodisiakum und macht definitiv weniger dick als Schokolade!

Warum man sich schuldig fühlt, wenn man Süßigkeiten nicht mit anderen teilt

Woran liegt es, dass wir Schuldkomplexe bekommen, wenn wir eine ganze Schachtel Pralinen allein aufessen? Haben Sie sich im Fernsehen schon einmal einen Tierfilm angeschaut, in dem eine Horde Affen mit der Kamera begleitet wurde? Beim nächsten Mal sollten Sie jenen Teil besonders aufmerksam verfolgen, in dem die Affen beim Fressen beobachtet werden. Achten Sie darauf, wie sich die Affen ihr eigenes Futter suchen und es sich dann fröhlich schmecken lassen. Wenn einer von ihnen jedoch etwas besonderes findet, zum Beispiel einen Baum mit besonders wohlschmeckenden Früchten, dann teilt er diese mit der ganzen Gruppe. Und letztlich geht es uns Menschen genauso.

Wenn wir unser normales, alltägliches Essen zu uns nehmen (zum Beispiel eine Schüssel Cornflakes oder ein Kantinenessen) ist es nicht üblich, dies mit anderen zu teilen. Unsere Familie oder die Arbeitskollegen wären vermutlich ziemlich erstaunt, wenn wir ihnen einen Löffel Müsli oder etwas Rosenkohl von unserem Teller anbieten würden. Bei „Delikatessen" wie Schokolade verhält sich die Sache vollkommen anders. Instinktiv haben wir das Gefühl, dass wir etwas davon abgeben müssen. Wir fühlen uns wie der größte Geizhals, wenn wir sie allein essen. Und aus diesem Grund ist man so wütend auf sich selbst, wenn man eine ganze Schachtel Pralinen allein gegessen hat. Und manchmal belügt man deshalb sogar seine Familie und findet Ausreden wie „der Hund hat sie gefressen" oder „ich habe sie aus Versehen weggeworfen".

Warum Schokoladenpudding so unwiderstehlich ist

Stellen Sie sich folgende Situation vor: Sie gehen mit Freunden gut essen und beschließen, an diesem Abend Ihre Diät zu vernachlässigen – nur dieses eine Mal. Sie beginnen mit ein paar Drinks und Knabbereien, bestellen dann eine gehaltvolle Vorspeise, die eigentlich schon eine vollwertige Mahlzeit wäre: einen riesigen Krabbencocktail, ein Pastagericht oder eine schwere Pastete. Und schon wird das Hauptgericht serviert: Steak mit Zwiebelringen, Pommes, Erbsen und einer Salatbeilage, dazu ein paar Gläser Wein. Danach sind Sie so satt, dass Sie beschließen, auf den Nachtisch zu verzichten.

Doch plötzlich taucht der Kellner an Ihrem Tisch mit einem Dessertwagen auf. Ihnen steigt ein Hauch von Schokoladentorte in die Nase. Erstaunlicherweise teilt Ihnen Ihr Gehirn in diesem Augenblick mit, dass Ihr Magen völlig leer ist und dass Sie unbedingt ein Stück Schokoladentorte brauchen, obwohl genau das definitiv nicht der Fall ist. Sie erliegen der Versuchung und verspeisen ein großes Stück davon.

Warum haben Sie das getan? Unsere Natur ist schuld daran! Wir sind darauf „programmiert", verschiedenste Lebensmittel zu uns zu nehmen um unserem Körper die Vielfalt an Nährstoffen zuzuführen, die er benötigt. Wenn uns also nach dem Essen ein neues Gericht präsentiert wird, das besonders verführerisch duftet und verlockend aussieht, finden wir immer noch etwas Platz dafür. Wir legen uns sozusagen einen Delikatessen-Vorrat an, denn wer weiß, wann wir wieder so etwas vorgesetzt bekommen? Das ist selbstverständlich Unsinn. Denn es ist sogar sehr wahrscheinlich, dass wir schon am nächsten Tag wieder etwas derartiges naschen werden, aber unsere primitiven Triebe sind einfach zu stark.

Man kann jedoch mit gezielten Übungen zur Selbstbeherrschung etwas gegen diese und andere potenziell gefährlichen „Schokoladenbegegnungen" tun. Versuchen Sie es einmal damit:

1. Bevor Sie in ein Restaurant gehen, setzen Sie sich in aller Ruhe hin und stellen sich vor, wie Sie dort essen werden. Achten Sie darauf, dass Sie ein klares Bild vor Augen haben, was nach dem Hauptgericht passieren wird. Stellen Sie sich vor, wie Sie einen frischen Obstsalat bestellen. Behalten Sie dieses Bild fest im Kopf. Sie können es schaffen!
2. Bevor Sie in einen Supermarkt gehen, schreiben Sie sich einen Einkaufszettel. Jetzt stellen Sie sich vor, wie Sie an der Kasse stehen. Sie gehen am Regal mit den Süßigkeiten vorbei und packen nichts davon in Ihren Einkaufswagen.
3. Bevor Sie in ein Fast-Food-Restaurant gehen, stellen Sie sich vor, wie Sie einen halbwegs gesunden Hamburger und einen Fruchtsaft bestellen. Nach diesem Essen sind Sie ziemlich satt und zufrieden und haben keinen Appetit mehr auf einen Schokoladen-Shake oder ein Stück Torte. In Ihrer Phantasie sehen Sie sich, wie Sie vom Tisch aufstehen und das Lokal verlassen, ohne der Versuchung zu erliegen.
4. Sie sind zum Abendessen bei Freunden eingeladen. Bevor Sie gehen, machen Sie sich eine klare Vorstellung davon, was Sie essen werden. Sie genießen das gute Essen und lehnen anschließend den Nachtisch dankend ab, weil Sie zu satt dafür sind. Sagen Sie einfach zu Ihrer Gastgeberin „Nein danke, Ihr Essen war so köstlich und reichhaltig, dass ich wirklich satt bin".

KAPITEL 4

Übergewichtige Schokoholics – Die sechs Typen

Wie Sie aus den ersten Kapiteln dieses Buches erfahren haben, gibt es viele gute Gründe, warum Menschen schokoladenabhängig werden. Eigentlich ist es erstaunlich, dass nicht noch mehr Menschen dieser „Krankheit" zum Opfer fallen, vor allem in Großbritannien, wo jährlich Schokolade im Wert von umgerechnet 7,2 Milliarden DM konsumiert wird. Das sind ca. 300 DM pro Sekunde und die Gesamtsumme reicht aus, um 5000 Rolls Royce, 60 Jumbo Jets oder 1000-mal den Fußballer Gary Lineker zu kaufen!

Trotz der Rezession steigt diese Zahl jedes Jahr um ca. 3%. Wenn Sie Sinn für diese Art von Statistik haben, dann schauen Sie sich bei Ihrem nächsten Schokoladenanfall ruhig nochmals die Liste auf Seite 10 an – vielleicht helfen Ihnen die dadurch vor Ihrem „geistigen Auge" entstehenden Bilder über die Attacke hinweg. (Wenn nicht, dann brauchen Sie dieses Buch ganz unbedingt!)

25 g einfache Milchschokolade enthalten ca. 150 Kalorien. Somit ist es nicht verwunderlich, dass die meisten (allerdings nicht alle) Schokoholics Gewichtsprobleme haben. Obwohl 150 Kalorien nicht viel klingt, sollte man bedenken, dass eine normale Tafel Schokolade in der Regel 100 g wiegt. Wenn man also eine ganze Tafel konsumiert, liegt die aufgenommene Menge schon bei 600 Kalorien. Ein chronischer Schokoholic kann am Tag problemlos über 1000 Kalorien in Form von Schokolade zu sich nehmen. Wenn er oder sie eine

sitzende Tätigkeit ausübt und sich abgesehen von der Schokolade relativ normal ernährt, können diese zusätzlichen 1000 Kalorien pro Tag schnell zu einer permanenten Gewichtszunahme von knapp 1 kg pro Woche führen.

An dieser Stelle möchte ich aus der Erfahrung meiner mehr als 20-jährigen Arbeit mit übergewichtigen Menschen sagen, dass Kalorien tatsächlich ins Gewicht fallen! Manche Menschen können zwar Energie schneller verbrennen als andere – und sie können sich deshalb wirklich glücklich schätzen. Aber das ändert nichts an der einfachen Tatsache, dass man abnimmt, wenn man weniger Kalorien aufnimmt, als man verbraucht. Es tut mir leid, aber das ist die bittere Wahrheit. Deshalb sollten Sie nie einer Diät Glauben schenken, die Ihnen verspricht, dass Sie so viel essen können, wie sie wollen. Es sei denn, es handelt sich um so kalorienarme Lebensmittel (z. B. Gemüse und Salate), dass Sie davon eine ganze Tonne essen müssten, um zuzunehmen. Vertrauen Sie auf keinen Fall Diätplänen, bei denen Sie angeblich so viel essen können, wie Sie wollen – und sei es auch nur für eine Stunde am Tag. Ein „überzeugter" Schokoholic schafft es mühelos, in dieser Zeit Schokolade im Wert von 3000 Kalorien in sich hineinzustopfen.

Eine Kalorie ist eine Energieeinheit. Sie entspricht genau der in Wärme umgewandelten Menge, die man benötigt, um die Temperatur von einem Gramm Wasser um ein Grad Celsius zu erhöhen. Es handelt sich also um eine sehr kleine Einheit. Wenn Wissenschaftler die Nahrungsaufnahme messen, benutzen sie deshalb dazu eine Einheit, die um das Tausendfache größer ist: die Kilokalorie (abgekürzt kcal). Die meisten Autoren (ich gehöre auch dazu) lassen die Vorsilbe „kilo" allerdings einfach weg. Wirklich wissen müssen Sie nur folgendes: eine Frau verbraucht bei einer sitzenden Tätigkeit pro Tag durchschnittlich 2000 Kalorien. Bei Männern sind es etwa 2500 bis 3000.

Manche Lebensmittel sind kalorienreicher als andere (d. h. schon ein kleiner Bissen enthält eine beachtliche Menge an Kalorien). Das betrifft vor allem Produkte mit hohem Fettgehalt, wie zum Beispiel Käse (100 g Cheddar-Käse enthalten 394 Kalorien) oder Butter (773 Kalorien pro 100 g). Süße Lebensmittel sind ebenfalls sehr kalorienhaltig. 100 g weißer Kristallzucker enthalten beispielsweise 392 Kalorien und selbst ein gestrichener Teelöffel versorgt Sie immerhin mit 20 Kalorien. Schokolade enthält sehr viel Fett und Zucker und ist dadurch eines der kalorienreichsten Lebensmittel, die es überhaupt gibt. Ich bezeichne sie als „Lebensmittel", da sowohl Fett als auch Zucker Nährstoffe sind – obgleich wir weniger davon zu uns nehmen sollten. Leider können wir uns nicht ausschließlich von Fett und Zucker ernähren; wir brauchen noch andere Lebensmittel, wie Fleisch, Fisch und Eier, Gemüse, Ballaststoffe und Obst, um unserem Körper all die Nährstoffe zuzuführen, die er braucht, damit wir gesund bleiben. Daher ist es nicht verwunderlich, dass Schokoholics oftmals ihren täglichen Kalorienbedarf überschreiten und dadurch schnell zunehmen.

Es gibt Untersuchungen, die davon ausgehen, dass neben den harten Drogen Zigaretten, Alkohol und Schokolade die drei größten „Krücken" der gestressten Menschheit sind.

Welcher Typ von Schokoladenliebhaber sind Sie?

Während der Untersuchungen mit Schokoladensüchtigen fanden wir heraus, dass die meisten Betroffenen zu einem von sechs „Typen" von Schokoholics gehören, wobei manche Betroffene die Merkmale mehrerer Typen in sich vereinigen.

Festzustellen, welcher Schokoholic-Typ man ist, bedeutet einen ersten Schritt auf dem Weg, die eigene Schokoladensucht in den Griff zu bekommen. Denn jeder Typ benötigt eine auf ihn zugeschnittene Version der Grunddiät sowie individuelle psychologische „Übungen“. Diese dienen dazu, die Gewohnheiten, Spannungen und Denkmuster zu durchbrechen, die daran schuld sind, dass die Betroffenen zunehmen und sich unglücklich fühlen.

Nachfolgend finden Sie eine Übersicht über die sechs Haupttypen. Am Ende eines jeden Abschnittes finden Sie eine Reihe von Fragen, die Sie offen und ehrlich beantworten sollten. Sie werden Ihnen helfen, sich anschließend für den richtigen Diätplan zu entscheiden. Wenn Sie herausfinden, dass Sie Ihre Probleme in zwei Typen wiederfinden, befolgen Sie einfach den Diätplan und die „Übungen“, die am besten zu Ihrem persönlichen Lebensstil und Ihren Vorlieben passen. (Manche Frauen stellen zum Beispiel fest, dass sie kurz vor ihrer Periode Prämenstruations-Schokoholics sind, während der übrigen Zeit jedoch eher die Diät und Verhaltensstrategie für Frustesser benötigen.)

Lesen Sie sich zunächst die allgemeinen Informationen über den jeweiligen Typ gründlich durch, bevor Sie die Fragen am Endes eines Abschnittes beantworten.

Während des Lesens werden Sie Dinge über sich erfahren, die Sie sich zuvor vielleicht noch nie eingestanden haben. Lassen Sie sich dadurch nicht entmutigen. Denken Sie daran: Wenn Sie die Gewohnheiten und Probleme erkennen, die zu Ihrem Übergewicht geführt haben, ist das bereits der erste Schritt, um etwas dagegen zu unternehmen.

Typ 1: Der Heimliche Schokoholic

Merkmale Heimliche Schokoholics glauben (manchmal fälschlicherweise), dass niemand etwas von ihrer Schokoladensucht weiß. Sie schleichen sich in weit von ihrem Wohnort entfernte Süßwarenläden, um ihre geheimen Schokoladenrationen einzukaufen – immer in der Hoffnung, dabei keinen ihrer Nachbarn oder Freunde zu treffen. Anschließend verstecken sie ihre Vorräte an ungewöhnlichen Orten: im Spielzeugschrank der Kinder, im Schuppen oder im Wäscheschrank, um später dorthin zurückzukehren und sich damit vollzustopfen. Diese Anfälle treten normalerweise auf, wenn sie müde sind, sich emotional verletzt oder einsam fühlen oder wenn sie besonders hungrig sind (z. B. nach ein oder zwei Tagen vergeblicher Mühe, irgendeine verrückte Diät einzuhalten).

Das Letzte, was heimliche Schokoholics tun würden ist zuzugeben, dass sie ein Problem haben. Daher lehnen sie Schokolade in Gesellschaft meist mit der Begründung ab, dass sie gerade „auf Diät sind“ oder angeblich „das Zeug nicht ausstehen können“. Manchmal verzichten sie sogar auf Pudding oder andere schokoladenhaltige Nachtische und behaupten, es würde ihnen nicht bekommen. Zu Hause gehen sie dann an ihre geheimen Vorräte.

Heimliche Schokoholics sind wahre Meister darin, merkwürdige Orte für ihre Essanfälle auszuwählen: auf der Toilette oder im Auto auf einem einsamen Parkplatz. Das Traurige ist nur, dass diese Anfälle keine angenehmen Erfahrungen sind – im Gegenteil, sie sind mit Schuldgefühlen und oft auch mit Übelkeit verbunden. Wenn sie es nicht schaffen, ihre verborgenen Schokoladengewohnheiten zu besiegen, können sich daraus leicht sehr schwerwiegende Probleme wie Bulimie ergeben. In solchen Fällen sind Einzel- oder Gruppentherapien unter Anleitung von Fachleuten dringend zu empfehlen.

Hintergrund Heimliche Schokoholics sind oft mit starkem Leistungsdruck aufgewachsen. Schwächen wie übermäßiger Schokoladenkonsum wurden möglicherweise in der Familie nicht toleriert. Als Kind erwartete man von ihnen außergewöhnliche Leistungen in der Schule oder im Sport. Vielleicht waren diese auch durchaus respektabel – aber eben nicht absolute Spitze. Oder die betreffende Person hat das Gefühl, ihren „Höhepunkt" bereits überschritten zu haben. Manchmal fühlen sich heimliche Schokoholics auch durch die Verantwortung für die Familie und die daraus resultierenden Probleme erdrückt; Alleinerziehende und Menschen mit finanziellen Sorgen fallen häufig in diese Kategorie. Viele Frauen werden zu heimlichen Schokoholics, wenn sie zu Hause nicht mit ihren halbwüchsigen Kindern zurechtkommen oder wenn diese sich nicht mit ihrem Vater oder Stiefvater verstehen. Zu dieser Risikogruppe gehören unter Prüfungsangst leidende junge Menschen ebenso wie Männer, die ihren Arbeitsplatz verloren haben.

Fragen

1. Haben Sie in Ihrem Büro, zu Hause oder im Auto ein heimliches Schokoladenversteck?
2. Essen Sie die Schokolade allein?
3. Sind Sie zufrieden mit dem, was Sie beruflich und privat erreicht haben?
4. Glauben Sie, dass Ihre Eltern stolz auf Sie sind (oder wären)?
5. Haben Sie das Gefühl, dass Sie für Ihre Familie mehr tun müssen, als gut für Sie ist?
6. Sind Sie manchmal wütend darüber, dass Ihnen das Leben zu wenig Spaß, Freizeit oder sexuelle Erfüllung bietet?
7. Halten Sie manchmal für ein paar Tage Diät und bekommen danach „Schokoladenanfälle"?
8. Haben Sie bei Abenden mit Freunden Schokolade manch-

mal dankend abgelehnt und anschließend eine „Privatorgie“ gefeiert?
9. Haben Sie wegen Ihrer Schokoladengewohnheiten starke Schuldgefühle?
10. Verstecken Sie dieses Buch, damit niemand merkt, dass Sie ein Problem haben?

Wenn Sie die meisten Fragen – außer Nr. 3 und 4 – mit „ja“ beantwortet haben, sind Sie ein heimlicher Schokoholic. Ihren Diät- und Strategieplan finden Sie auf Seite 58.

Typ 2: Der Romantiker

Merkmale Da Schokolade derart starke Auswirkungen auf Psyche und Sinne hat, ist es nicht überraschend, dass sie oft als Liebesersatz verwendet wird. Romantiker sind Menschen, denen nicht das Maß an körperlicher und emotionaler Zuneigung und Verständnis entgegengebracht wird, das sie verdient haben. Sie essen Schokolade als Ersatz für Romantik im Bett, für eine Umarmung des geliebten Menschen oder einfach für ein liebevolles Gespräch.

Romantiker leben oft allein, sind ungebunden, einsam oder in einer lieblosen, langweiligen Beziehung gefangen. Sie gönnen sich oft teure und ungewöhnliche Schokolade als Ersatz für einen ebenso teuren und ungewöhnlichen Liebhaber. Romantiker wachen manchmal nachts auf und geben sich dann einer „Orgie“ mit Mars-Riegeln hin oder nehmen eine schnelle „Dosis“ Kit Kat. Weibliche Romantiker bevorzugen oft phallusförmige Schokolade wie zum Beispiel Toblerone, während Männer eher die weicheren, runderen Naschereien wie Schokoladeneier oder Pralinen mit weicher Füllung mögen.

Hintergrund Romantiker unterschätzen oft ihre eigene Ausstrahlung auf das andere Geschlecht. Möglicherweise haben sie einmal (oder mehrmals) schlechte Erfahrungen gemacht ... oder sie hatten noch nie ein Liebesbeziehung. Wenn sie in einer festen Beziehung leben, ist es oft der Romantiker, der die meiste Energie investiert. Sie glauben, dass Schokolade die Romantik ersetzen kann, wenn Letztere versagt. Schokolade ist für sie zuverlässiger, leichter zugänglich, relativ preiswert und man braucht kein Kondom, um Spaß zu haben. Es spielt keine Rolle, ob Romantiker im Beruf erfolgreich sind; sie haben das Gefühl, in der Liebe versagt zu haben und dass sie es nicht wert sind, geliebt zu werden. Wenn sie Schokolade essen, fühlen sie sich sexy und begehrenswert – und sei es auch nur für einen kurzen Moment.

Fragen

1. Glauben Sie, dass Sie auf das andere Geschlecht anziehend wirken?
2. Haben Sie im Moment einen liebevollen Partner?
3. Bekommen Sie genug Zärtlichkeit?
4. Stehen Sie manchmal mitten in der Nacht auf, um sich etwas zu Naschen zu holen?
5. Haben Sie sich schon einmal mit einer Schokoladenorgie über ein zerbrochenes Liebesverhältnis hinweg getröstet?
6. Bekommen Sie beim Geruch von Schokolade Lust auf Sex?
7. Mögen Sie die teure Schokolade aus der Schweiz oder aus Belgien besonders gern?
8. Haben Sie nach dem Essen von Schokolade manchmal ein starkes Gefühl von Befriedigung, das schon fast sexueller Natur ist?
9. Essen Sie weniger Schokolade, wenn Ihr Liebesleben harmonisch verläuft? (Denken Sie einen Moment darüber nach!)
10. Machen Sie manchmal Witze über Ihre Gewohnheiten in Bezug auf Schokolade?

Wenn Sie die Fragen 1, 2 und 3 mit „nein" beantwortet haben, die meisten anderen jedoch mit „ja", sind Sie ein Romantiker. Ihren Diät- und Strategieplan finden Sie auf Seite 72.

Typ 3: Der Frustesser

Merkmale Dieser Typ ist unter den Schokoholics der am weitesten verbreitete. Frustesser konsumieren Schokolade, wenn sie gestresst, einsam oder müde sind, bzw. wenn sie mit Problemen konfrontiert werden. In akuten Fällen isst der Betroffene den ganzen Tag Schokolade, statt die zugrunde liegende(n) Ursache(n) zu bearbeiten. Wenn ein Frustesser beispielsweise einen stressigen Job hat und wichtige Termine einhalten muss, dann begibt er sich, wenn es ihm zu viel wird, instinktiv in die Kantine oder zum Snack-Automaten, um sich mit Süßigkeiten zu versorgen. Frustesser leben oft allein – sie sind oftmals Studenten, Geschiedene oder Getrenntlebende. Sie kaufen ihre Schokolade eher in täglichen Rationen, statt sie zu horten. Frustesser stehen häufig unter starkem Stress. An der Kasse im Supermarkt werfen sie noch schnell ein paar Schokoriegel in ihren Einkaufswagen und draußen auf dem Parkplatz lassen sie sich einen oder auch zwei davon schmecken.

Hintergrund Frustesser haben in ihrer Kindheit häufig Schokolade als „Trostpflaster" bekommen. Daher stammt ihre Gewohnheit, in stressigen Situationen etwas Süßes und Cremiges zu essen. Meistens haben sie eine Vielzahl von Problemen (allerdings wahrscheinlich nicht mehr als andere Menschen, sie haben nur das Gefühl, dass es mehr sind), mit denen sie nicht so leicht fertig werden. Es scheint niemanden zu geben, der mitfühlend genug ist, als dass sie sich ihm mitteilen könnten (der/die eigene Partner/in ist oft zu beschäftigt, um helfen zu können). Da es ihnen schwer fällt, etwas zu organisieren, reden sie sich häufig ein, dass es schneller geht und leichter ist, einen Schokoladensnack zu essen als eine richtige Mahlzeit.

Fragen

1. Haben Sie als Kind von Ihren Eltern Schokolade als „Trostpflaster“ bekommen?
2. Haben Sie das Gefühl, dass Sie überarbeitet, gestresst oder überreizt sind – oder alles zusammen?
3. Haben Sie den Eindruck, dass Ihre Probleme mit jedem Tag komplizierter werden?
4. Sind Sie manchmal einsam (auch wenn Sie mit jemandem zusammenleben)?
5. Essen Sie manchmal Schokolade, wenn Sie bitterlich weinen?
6. Essen Sie gern Schokolade, während Sie sich einen rührseligen Film im Fernsehen anschauen?
7. Wenn Sie Pralinen geschenkt bekommen, nehmen Sie sich dann vor, sie nach und nach zu essen und wenn Sie melancholisch werden, schlingen Sie doch die ganze Packung auf einmal hinunter?
8. Essen Sie Schokolade, während Sie (ungeduldig!) an der Bushaltstelle, auf dem Bahnhof oder in der Bank warten?
9. Ihre Waschmaschine läuft aus. Essen Sie zuerst einen Schokokeks und rufen dann den Klempner an?
10. Ihr/e Partner/in bekommt einen Wutanfall – ziehen Sie sich dann mit einer Schachtel Pralinen ins Schlafzimmer zurück, statt die Sache auszudiskutieren?

Wenn Sie sieben oder mehr Fragen mit „ja“ beantwortet haben, sind Sie ein Frustesser. Ihren Diät- und Strategieplan finden Sie auf Seite 63.

Typ 4: Der Wochenend-Schokoholic

Merkmale Dieser Schokoholic-Typ nutzt jedes Wochenende, jeden Feiertag und jeden Ausflug als Ausrede für eine süße Nascherei – oder mehrere! Der Freitagabend wird dazu genutzt, um auf dem Heimweg an der Tankstelle, im Supermarkt oder im Süßwarenladen an der Ecke Schokoladen-Nachschub einzukaufen. Dabei bevorzugen Männer eher die Tankstelle, wegen der Bequemlichkeit und dem damit verbundenen Macho-Image. Für Männer ist es in Ordnung, wenn sie beim Bezahlen der Tankfüllung noch etwas Schokolade kaufen, während es ihnen zu „weiblich" erscheint, dasselbe in einen Süßwarenladen oder Supermarkt zu tun. Wochenend-Schokoholics geben manchmal vor, die Süßigkeiten für „die Kinder" zu kaufen, das meiste davon ist jedoch für die „Erwachsenen" bestimmt. Wochenend-Schokoholics sind außerdem auch „Schokoladenjunkies" zu Weihnachten und Ostern, die sogar gelegentlich in den sauren Apfel beißen, vor diesen alljährlichen Orgien ein paar Kilo abzunehmen, um mit gutem Gewissen richtig zuschlagen zu können. Sie lieben es, sonntags Schokoladenpudding zu essen (als Ausrede gebrauchen sie, dass „dies der einzige Tag in der Woche ist, an dem sie sich das gönnen"). Bei Theater- oder Kinobesuchen gibt es Schokolade und oftmals verschenken sie teure Pralinenmischungen, damit sie auch etwas davon naschen können!

Hintergrund Wiederum spielen Verhaltensmuster aus der Kindheit eine große Rolle, da Wochenend-Schokoholics häufig aus Familien kommen, in denen Süßigkeiten einen wichtigen Bestandteil von Familienfeierlichkeiten bildeten. Der Wochenend-Schokoholic setzt diese Familientradition wie besessen fort, vor allem dann, wenn er oder sie unter Stress leidet oder in einer unbefriedigenden Beziehung lebt. Sie müssen lernen, dass man auch ohne Schokolade glücklich sein kann. Sie brauchen reichlich orale Genüsse. So sind für sie zum Beispiel Küsse, Zärtlichkeiten und sinnliches Essen sehr wichtig.

Fragen

1. Waren Süßigkeiten zu Weihnachten und Ostern ein wichtiger Teil Ihrer Kindheit?
2. Kaufen Sie Ihre Süßigkeiten meistens freitags bzw. vor Feiertagen oder Ausflügen?
3. Wenn Sie essen gehen, ist der Abend für Sie dann erst perfekt, wenn Sie ein Schokoladendessert gegessen haben?
4. Essen Sie nach einem solchen Abend noch ein paar Schokokekse, bevor Sie schlafen gehen?
5. Geben Sie manchmal vor Schokolade für Ihre Kinder zu kaufen, die Sie dann jedoch selbst essen?
6. Fehlt Ihnen bei einem Theaterbesuch etwas, wenn Sie keine Süßigkeiten dabei haben?
7. Essen Sie am Sonntagnachmittag oder -abend gern Schokolade, weil Sie dann entspannt sind und das Gefühl haben, dass Sie an Ihrem freien Tag etwas Gutes verdient haben?
8. Schenkt Ihnen Ihr/e Partner/in oft Pralinen?
9. Essen Sie Schokolade gern langsam und genießen Sie dabei jedes Stück?
10. Kommen Ihnen beim Geruch und Geschmack von Schokolade angenehme Erinnerungen?

Wenn Sie sieben oder mehr Fragen mit „ja" beantwortet haben, sind Sie ein Wochenend-Schokoholic. Ihren Diät- und Strategieplan finden Sie auf Seite 76.

Typ 5: Der Zuckersüchtige

Merkmale Zuckersüchtige sind abhängig von Zucker, so wie chronische Raucher abhängig von Nikotin sind. Sie beziehen den Hauptanteil ihrer täglichen Kalorien aus Kohlenhydraten und essen Schokoriegel als schnelle „Dosis", wenn sie müde und hungrig sind oder wenn sie die Nase voll haben. Tänzer, Models, Studenten und sogar Sportler fallen in diese Kategorie. Vor allem Tänzer neigen dazu, keine herkömmlichen Mahlzeiten mehr zu essen, sondern ihren Energiebedarf durch Schokoriegel zu decken, weil sie Angst haben, zuzunehmen. Leider kann Zuckerabhängigkeit sehr gefährlich werden und zu langfristigen Gesundheitsschäden führen.

Hintergrund Das Hauptproblem für die meisten Zuckerabhängigen ist Druck. Sie stehen unter Leistungs- und Erfolgsdruck und dürfen sich keinerlei Schwächen erlauben. Dieser Druck entsteht oft bereits in der Kindheit oder Jugend oder wird durch die Zuckerabhängigen selbst erzeugt, sobald sie sich dem ständigen Konkurrenzkampf ausgesetzt sehen. Das Gefühl, sich in einer Tretmühle zu befinden, wird durch ihre Ernährungsweise leider noch verstärkt. Das Bedürfnis nach Zucker muss unter allen Umständen befriedigt werden (ähnlich wie das Bedürfnis nach einer Zigarette). Sobald die Befriedigung jedoch erfolgt ist, gibt es nur eine kurze Pause, bis die nächste „Dosis" nötig ist. Das liegt daran, dass die Schokolade ein „Hoch" im Blutzuckerspiegel verursacht, worauf unmittelbar wieder ein „Tief" folgt. Es entsteht ein Teufelskreis von Bedürfnissen, der sich nur schwer durchbrechen lässt.

Fragen

1. Arbeiten Sie in einem Beruf, der Ihnen ein sehr hohes Maß an psychischer und physischer Belastbarkeit abverlangt?
2. Sind Sie normalerweise zu sehr in Eile, um sich Zeit für ein Frühstück oder Mittagessen zu nehmen?
3. Fühlen Sie sich manchmal schwach und zitterig, weil Sie mehrere Mahlzeiten ausgelassen haben?
4. Essen Sie dann eher einen Schokoriegel oder einen süßen Snack, als sich Zeit für eine richtige Mahlzeit zu nehmen?

5. Haben Sie im Allgemeinen kein Interesse an Gourmet-Küche?
6. Leben Sie allein oder in einer Wohngemeinschaft mit Freunden?
7. Glauben Sie, dass man täglich eine bestimmte Menge Zucker benötigt, um durchzuhalten?
8. Wenn man Ihnen komplett verbieten würde, Schokolade zu essen, hätten Sie dann Angst, dass Ihre Arbeit darunter leiden würde?
9. Haben Sie in Ihrer Hand- oder Aktentasche immer eine Tafel Schokolade für den Notfall?

Wenn Sie sieben oder mehr Fragen (vor allem Nr. 1, 2, 3 und 4) mit „ja" beantwortet haben, sind Sie zuckerabhängig bzw. dabei, es zu werden. Ihren Diät- und Strategieplan finden Sie auf Seite 81.

Typ 6: Der Prämenstruations-Schokoholic
Merkmale Die meisten weiblichen Schokoholics fallen zu bestimmten Zeiten in diese Kategorie – viele von ihnen für ein paar Tage jeden Monat. Dann stopfen sie sich bei den merkwürdigsten Gelegenheiten mit Schokoriegeln voll: in der Badewanne, beim Friseur, während sie vor der Schule auf ihre Kinder warten oder auf Arbeit mitten in einer wichtigen Besprechung. Sie kaufen in dieser Zeit manchmal Schokoladensorten, die sie normalerweise nicht besonders mögen.
Hintergrund Vor der Monatsblutung werden durch Hormontätigkeit gelegentlich Spannungen oder sogar starke Depressionen verursacht. Eine Theorie besagt, dass diese Symptome durch einen Mangel an Vitamin B hervorgerufen werden. Dieses Defizit bedeutet, dass die Leber das Hormon Östrogen, das jeden Monat gebildet wird, nicht abbauen kann. Überschüssiges Östrogen verursacht ein Un-

gleichgewicht von Stoffen im Gehirn. Man nimmt an, dass zu viele anregende Stoffe produziert werden und zu wenig Dopamin, das eine beruhigende Wirkung auf den Körper hat. Für eine normale Dopamin-Produktion benötigt unser Körper ausreichend Vitamin B (vor allem Vitamin B6) sowie Magnesium. Schokolade enthält relativ viel Magnesium, so dass der Körper Ihnen möglicherweise durch das starke Verlangen danach mitzuteilen versucht, dass die Vorräte aufgebraucht sind. Leider enthält Schokolade jedoch zusätzlich so viel Zucker, dass Sie sich dadurch noch wesentlich schlechter fühlen. Bei weitem günstiger ist es, stattdessen Vitamin B6 einzunehmen und mehr Blattgemüse und Müsli o. ä. zu essen!

Fragen

1. Haben Sie in der Woche vor Ihrer Periode ein gesteigertes Bedürfnis nach Schokolade?
2. Ist dieser Drang so stark, dass Sie sich sofort eine Tafel Schokolade kaufen müssen, auch wenn Sie dadurch Ihren Zug verpassen oder zu spät zu einem wichtigen Termin kommen?
3. Neigen Sie dazu Schokolade schnell aufzuessen, statt sie langsam zu genießen?
4. Wirft Ihnen Ihre Familie oft vor, während dieser Zeit immer besonders reizbar zu sein?
5. Nehmen Sie vor Ihrer Periode Vitamin B ein?
6. Kaufen Sie dann besondere Schokolade, um sich aufzumuntern?
7. Ist die Woche nach Ihrer Periode die einzige Zeit, in der Sie in der Lage sind abzunehmen?
8. Unternehmen Sie vor Ihrer Menstruation besondere Anstrengungen, um sich zu verwöhnen und zu entspannen?
9. Fällt es Ihnen besonders schwer, Ihren Schokoladenkonsum im Zaum zu halten, wenn Sie versuchen abzunehmen?

10. Haben Sie gelegentlich auch ein gesteigertes Verlangen nach Zigaretten und / oder Alkohol sowie nach Schokolade?

Wenn Sie die meisten dieser Fragen (außer Nr. 5 und 8) mit „ja" beantwortet haben, sind Sie ein Prämenstruations-Schokoholic. Sie sollten den Diät- und Strategieplan auf Seite 68 befolgen.

KAPITEL 5

Nie wieder Schokolade?

Stellen Sie sich vor, man würde Ihnen vorschreiben, pro Tag zehn Tafeln Schokolade zu essen und die Verpackungen für jedermann sichtbar auf den Schreibtisch in Ihrem Büro zu stapeln. Diese Art der Behandlung empfehlen einige Verhaltenstherapeuten für Schokoholics. Ihr Argument lautet, dass diese Art der Therapie die Betroffenen letztendlich dazu bringen wird, ihre Sucht aufzugeben. Ich persönlich bin davon überzeugt, dass sie sich dadurch vielleicht übergeben müssen ... aber aufgeben ist etwas anderes!

Sich zu schämen, weil man weiß, dass andere Menschen das eigene Verhalten abstoßend finden, reicht für schwere Schokoholics nicht aus, um ihre Abhängigkeit zu überwinden. Sie gehen dann lediglich dazu über, ihre Schokolade im Verborgenen zu essen, was eine Vielzahl von physischen und psychischen Problemen wie Fettleibigkeit und Depressionen hervorrufen kann.

Nach Gesprächen mit vielen „Schokoladen-Junkies" bin ich davon überzeugt, dass es viel vernünftiger ist, den Schokoladenkonsum zu reduzieren und zu lernen, kleinere Mengen zu genießen. Dies kann man nur durch einen guten Diätplan erreichen, der speziell darauf zugeschnitten ist, einen hohen Blutzuckerspiegel zu gewährleisten, damit man sich körperlich fit fühlt.

Eine Betroffene, die ursprünglich Kleidergröße 38 trug, hatte durch ihre Schokoladensucht so stark zugenommen, dass sie schließlich bei Größe 50 angekommen war. Sie erzählte mir: „Schokoladensucht ist wie Alkoholismus. Ich habe es sogar bei den Samaritern versucht, die zwar sehr freundlich waren, aber leider keine große Hilfe. Auch Ärzte können oft nicht viel tun. Mein Hausarzt hat mir Antidepressiva verschrieben!" Nach einer vitamin- und mineralstoffreichen Diät, die sie nach wie vor einhält, hat sie sich mittlerweile wieder erholt. Sie hat es geschafft fast 20 kg abzunehmen und ist noch immer dabei.

Es gibt eine ganze Reihe von prominenten Schokoholics. Dazu gehören unter anderem die Superstars Cher und Elizabeth Taylor.

Die weltbekannte Sängerin und Schauspielerin Cher liebt m&ms und hat eine große Schwäche für Schokoladen-Eiscreme von Häagen-Dazs. Sie interessiert sich jedoch sehr für Ernährung und hat zusammen mit ihrem Ernährungsberater, Dr. Robert Haas, einen Diätplan entwickelt. Durch diese Diät hält sie den ganzen Tag über Ihren Blutzuckerspiegel auf hohem Niveau, um allzu häufige Schokoladenattacken zu vermeiden. Außerdem ist sie davon überzeugt, dass sportliche Betätigung eine sehr wirkungsvolle Hilfe darstellt. Es ist sehr wahrscheinlich, dass die durch starke körperliche Anstrengung im Gehirn produzierten Endorphine ein ähnliches Hochgefühl hervorrufen, wie eine „Dosis" Schokolade. Sport ist sehr hilfreich bei der Bewältigung von Stress und zur Maximierung des Energieniveaus. Trotzdem erlebt Cher noch gelegentlich Schokoladenanfälle, die meist durch Stress oder Erschöpfung hervorgerufen werden. Durch ihre Diät und die sportliche Betätigung ist Cher in der Lage, ihre Schokoladensucht unter Kontrolle zu halten. Ganz überwinden wird sie sie jedoch nie. Während der Dreharbeiten zu dem Film *Die Hexen von Eastwick* gab sie zu, zusammen mit Michelle Pfeiffer, die ebenfalls eine große Schokoladen-Liebhaberin ist, regelrechte Schokoladen-Orgien gefeiert zu haben.

Der britische Fernsehstar Nina Myscow hat es schon mit Therapien aller Art probiert. Sie berichtet: „Meine Mutter stopfte mir immer mit Essen den Mund, damit ich still war. Ich aß mich durch Kekse über Donuts bis hin zu sinnlichen Schokoladengenüssen. Mit 30 war ich Expertin auf diesem Gebiet. Ich habe Nussschokolade verschlungen und mich sinnlos mit Schokoladen-Donuts vollgestopft."

„Meine schlimmste Krise erlebte ich, als ich von einer Reise aus Westafrika zurückkam und bei einem Zwischenstopp auf dem Genfer Flughafen zwei große Tafeln Schokolade kaufte. Ich hatte vor, nur eine davon im Flugzeug zu essen, als ich sah, dass ich neben einem verhutzelten japanischen Geschäftsmann sitzen würde, statt neben einem gutaussehenden Mann. In meiner grenzenlosen Enttäuschung aß ich beide Tafeln auf und fühlte mich danach nur noch elender."

„Ich habe in meinem Leben schon die verrücktesten Crash-Diäten ausprobiert, es mit Hypnose versucht und allem, was man sich vorstellen kann. Aber das einzige, was wirklich funktioniert, ist lernen vernünftig zu essen, Sport zu treiben und Schokolade zu genießen. Mittlerweile kann ich eine kleine Tafel belgische Schokolade pro Woche essen und dabei jedes Stück genießen. Ich kann auch in den Zeitungsladen gehen und nur die Zeitungen, eine Dose Diät-Coke und eine kleine Tüte Studentenfutter kaufen. ich würde nicht behaupten, dass ich geheilt bin, aber ich habe das Problem auf jeden Fall im Griff."

Die Sängerin Lulu hat die Schokoladensucht von ihrer Mutter geerbt. „Meine Mutter und ich, wir sind beide immer noch so versessen auf Schokolade, dass wir statt einer richtigen Mahlzeit lieber einen Schokoladen-Snack oder -Pudding essen. Ich habe die Sache zwar unter Kontrolle und kann meinen Konsum auf eine kleine Süßigkeit pro Tag begrenzen. Aber wenn ich mich mit meiner Mutter treffe, müssen wir beide wirklich sehr stark sein!"

Auch Lulu ist der Überzeugung, dass es für ihre Krankheit keine wirkliche Heilung gibt und sagt, dass sie sich diese auch gar nicht wünscht. „Die Vorstellung, nie wieder mein Lieblingsfrühstück, ein französisches Croissant mit einem Stück gehaltvoller, dunkler Schokolade essen zu können, ist für mich unerträglich. Deshalb habe ich es in meinen Ernährungsplan aufgenommen. Ich glaube, man muss sein Leben als Ganzes im Blick haben, wenn man etwas daran ändern will. Man sollte einen Schritt zurück gehen und versuchen herauszufinden, wodurch man eigentlich schokoladenabhängig geworden ist. Ich habe festgestellt, dass mir Meditation in allen Situationen hilft: bei der Auseinandersetzung mit geschäftlichen Problemen bis hin zur Planung der Mahlzeiten."

James Pickles, ein in Großbritannien sehr bekannter ehemaliger Richter, liebt teure Pralinen. „Von meiner Lieblingssorte kann ich mühelos große Mengen essen.", sagt er. „Seit ich nicht mehr im Gericht tätig bin, ist es noch viel schwerer geworden. Ich arbeite zu Hause und habe viel leichter Zugang zu Schokolade. Deshalb muss meine Frau Sheila die Süßigkeiten vor mir verstecken!" Dennoch ist Richter Pickles in der Lage, seinen Appetit unter Kontrolle zu halten und hat erst kürzlich im Rahmen einer Schokoholic-Diät reichlich 3 kg abgenommen.

Elizabeth Taylor, Schaupielerin und Superstar, hat nach jahrelangen Diäten mit „Jojo-Effekt" ihr Gewicht heute wieder im Griff. Ihre Abhängigkeit von Fast Food und Süßigkeiten scheint besiegt zu sein, seit sie glücklich mit Larry Fortensky verheiratet ist. Sie meint dazu: „Man sagt, dass Schokolade das Liebeszentrum im Gehirn anregt. Wenn man verliebt ist, hat man das gar nicht nötig. Vielleicht liegt es auch in meinem Fall daran." Ein weiterer Grund dafür, dass sie es geschafft hat ihre Schokoladensucht unter Kontrolle zu bekommen ist vermutlich, dass sie und ihr Mann Larry sich gesund und vernünftig ernähren.

Nachfolgend finden Sie sechs Möglichkeiten, wie man Schokoladensucht in den Griff bekommen kann sowie die Vor- und Nachteile jeder Methode:

1. *Vermeiden Sie einen sofortigen Totalentzug* Mit dieser Methode gewöhnen sich viele Menschen das Rauchen ab. Sie fassen den Vorsatz, am 1. Januar aufzuhören – ganz einfach! Das klappt allerdings nur bei Rauchern, die sich zuvor seelisch und moralisch auf diesen Tag vorbreitet haben. Dazu gehört auch, so viel wie möglich über die Gefahren des Rauchens zu lesen. Außerdem sollte man genaue Festlegungen treffen, wofür man das auf diese Weise gesparte Geld ausgeben will. Ab und zu darf man sich eine Belohnung gönnen: eine Reise, Ausflüge und ein wenig Luxus. Problematisch wird es in stressigen Situationen, wenn die gewohnte Zigarette fehlt. Aus diesem Grund steigen viele ehemalige Raucher auf Süßigkeiten um, nehmen dadurch zu und greifen anschließend wieder zur Zigarette!

Schokoladensucht ist ein genauso komplexes Problem wie die Nikotinabhängigkeit und hängt mit Fragen wie Trost, Schuld, Stress und körperlichem Verlangen zusammen. Nur Menschen mit enormer Willenskraft sind in der Lage, einen Konsum von sechs Mars-Riegeln am Tag auf diese Weise zu beenden. Sollte es unter den Lesern dieses Buches jemanden geben, der es geschafft hat, würde ich mich sehr über eine Nachricht freuen. Meine Adresse bekommen Sie vom Verlag.

Auf Schokolade gänzlich zu verzichten, ist nicht ganz ungefährlich, da dies bei der nächsten Krise (ob es nun eine

Meinungsverschiedenheit mit dem Partner ist oder ein schwerwiegenderes Problem) häufig zu besonders starken Anfällen führt. Was jedoch gut funktioniert ist ein Verzicht auf Schokolade für eine Woche oder länger, um die Essgewohnheiten umzustellen. Dabei dient die eigene Disziplin als Ansporn und die Aussicht, dass es irgendwann wieder Schokolade gibt (wenn auch in kleineren Mengen) wirkt ebenfalls unterstützend. In der Zwischenzeit bereitet man sich durch eine gesunde Ernährung darauf vor, Schokolade in Maßen zu essen. Diese Methode erwies sich bei den Teilnehmern, die die verschiedenen Formen der Schokoholic-Diät getestet haben, als sehr günstig.

2. *Den Konsum einschränken* Wenn Ihr Körper daran gewöhnt ist, jeden Tag große Zuckermengen zu sich zu nehmen, werden Sie sich vermutlich ein paar Tage lang sehr schwach und schlecht fühlen, sobald Sie versuchen, den Konsum zu verringern. Wiederum ist die gleichzeitige Umstellung Ihrer Essgewohnheiten die einzige Möglichkeit. Achten Sie darauf, dass Sie regelmäßig essen und vernünftige Snacks bereit halten. Der Diätplan in Kapitel 9 (Seite 131) kann Ihnen dabei behilflich sein, wenn Sie kein starkes Übergewicht haben, aber der Meinung sind, dass eine gesündere Ernährung mit weniger Süßigkeiten Ihnen gut tun würde. Und das wird sie ganz sicher!

3. *Hypnose und Akupunktur* Diese Behandlungsmethoden können unterstützend wirken um mit Symptomen wie Depressionen und Schuldgefühlen fertig zu werden. Allerdings sind sie nicht dazu geeignet, einen überzeugten Schokoholic in einen Schokoladen-Hasser zu verwandeln. Bevor diese Methoden etwas ausrichten können, muss zunächst der Konsum eingeschränkt werden. Ein Akupunkteur berichtet: „Zu mir kommen Menschen mit den

verschiedensten Abhängigkeiten, darunter auch Schokoholics. Aber Akupunktur ist kein Allheilmittel. Ich kann meine Behandlungsform lediglich zur Unterstützung einer Ernährungstherapie anbieten." Und ein Hypnosespezialist, der enorme Erfolge bei der Behandlung von Rauchern zu verzeichnen hatte, erzählt: „Schokoladensucht ist anders. Ich hatte eine Patientin mit einem Gewicht von fast 160 kg. Sie aß täglich drei Schachteln Pralinen und zehn Schokoriegel. Da ihr Körpergewicht zu Komplikationen führte, teilte der Arzt ihr mit, dass sie ins Krankenhaus müsste, wenn sie ihren Schokoladenkonsum nicht drastisch senken würde. Sie litt unter hohem Blutdruck und Herzgeräuschen. Aus Angst vor dem Krankenhaus wollte sie etwas gegen ihre Schokoladensucht tun. Deshalb entwickelten wir einen Plan, zu dem auch Schonkost und Hypnose gehörten. Die Hypnose hat geholfen, aber ich bin davon überzeugt, dass ihre Angst und die Diät dazu beigetragen haben, den Konsum zu verringern. Sie war sehr offen für meine Therapie, was auch die grundlegende Voraussetzung für einen Erfolg ist. Bisher ist es ihr gelungen knapp 20 kg abzunehmen und wir arbeiten nach wie vor zusammen. Es ist eben ein sehr langer Weg.

4. *Verhaltenstherapie* Ebenso wie Hypnose und Akupunktur kann die Verhaltenstherapie nur einen Teil des gesamten Diätvorhabens des Betroffenen bilden. Die im ersten Abschnitt dieses Kapitels beschriebene Therapieform würde ich nicht empfehlen. Dennoch halte ich eine Beobachtung des Schokoladen-Essverhaltens (wann und wo) für sehr hilfreich. Mit Hilfe der Fragen im Abschnitt „Ernährungstagebuch für Schokoholics" (Seiten 158–161) können Sie einen persönlichen Leitfaden für die Verhaltenstherapie erstellen.

5. *Crash-Diäten* Diese können dazu beitragen, das Gewicht in kurzer Zeit stark zu reduzieren, meist nimmt man jedoch anschließend nur um so schneller wieder zu. Nach einer Diät mit 1500 Kalorien für Männer und 1000 Kalorien für Frauen ist der Körper darauf programmiert, sämtliche überschüssige Kalorien zu speichern. Bei Schokoholics ist es sehr wahrscheinlich, dass diese Kalorien dem Körper in Form der Lieblingsnascherei mit ihrem hohen Fett- und Zuckergehalt zugeführt werden. Am Ende isst man dann mehr Schokolade, statt weniger.

6. *Bewegung* Auf die positive Wirkung von sportlicher Betätigung wird immer wieder hingewiesen. Für diejenigen, die damit noch keine Erfahrung haben, möchte ich an dieser Stelle nochmals daran erinnern. Bewegung kann dazu beitragen, die Herzfunktion zu stärken, den Blutdruck zu senken und Stress vorzubeugen. Außerdem lässt sich dadurch das gewünschte Körpergewicht halten und der Appetit zügeln. Das durch die Bewegung herbeigeführte Wohlgefühl ist ein wirkungsvoller Ersatz für Suchtmittel wie Nikotin, Alkohol und Schokolade. Alle Schokoholics, mit denen wir während der Untersuchungen für dieses Buch zusammengearbeitet haben, stellten fest, dass regelmäßige sportliche Betätigung (mindestens 20 Minuten kräftige Bewegung – d. h. Schwimmen, Joggen oder Tanzen) dazu beiträgt, das Selbstbewusstsein zu verbessern und sich insgesamt wohler zu fühlen. Dennoch hilft Sport allein übergewichtigen Schokoholics nicht, ihre Sucht zu heilen oder abzunehmen.

KAPITEL 6

Diät für Schokoholics: Sechs Diätpläne, die wirklich funktionieren

Hier sind sie nun, die sechs Diätpläne, die Schokoladensüchtigen dabei helfen können, zu gelassenen, beherrschten und schlanken Menschen zu werden.

Durch das Quiz in Kapitel 4 haben Sie bereits herausgefunden, welcher Schokoholic-Typ Sie sind. Sollten Sie sich in zwei Kategorien wiederfinden, probieren Sie zunächst einen Plan aus und schauen, wie sie damit zurechtkommen. Alle Pläne haben eines gemeinsam: sie beinhalten regelmäßige, sättigende Mahlzeiten, die Ihren Blutzuckerspiegel auf einem hohen Niveau halten, damit Sie *niemals* Hungergefühle haben.

Unsere Testpersonen stellten fest, dass regelmäßiges Essen der erste Schritt auf dem Weg war, ihre Sucht zu besiegen. Wer seinen Körper weiter vernachlässigt, indem er Mahlzeiten auslässt, zu nährstoffarmen Snacks greift und Crashdiäten macht, wird seine Schokoladensucht nie in den Griff bekommen. Es ist bereits ohne zusätzliche Belastungen wie akute Hungergefühle und knurrenden Magen schwer genug, die emotionalen und verhaltensbedingten Auslöser für die Schokoladenattacken zu überwinden.

Daher sollten Sie sich an unsere Diätpläne tatsächlich halten und keine einzige Mahlzeit auslassen. Wenn Sie nicht gern frühstücken, packen Sie sich etwas ein und nehmen es mit auf Arbeit. Erliegen Sie nicht der Versuchung, diese erste, wichtige Mahlzeit des Tages ausfallen zu lassen.

Die erste Woche

In der ersten Woche Ihrer Diät sollten Sie unbedingt auf Schokolade gänzlich verzichten. Das ist besonders wichtig, um Ihre Abhängigkeit unter Kontrolle zu bekommen. In den darauf folgenden Wochen dürfen Sie eine festgelegte Menge der Süßigkeiten essen, die Sie ab Seite 162 bzw. in den Rezepten im Kapitel 10 finden.

Beseitigen Sie alle geheimen Schokoladenvorräte, die Sie zu Hause angelegt haben. Sie können sie den Nachbarn oder Ihrer Schwiegermutter schenken oder sie einfach wegwerfen. Sorgen Sie dafür, dass sich weder im Gefrierschrank, noch unter dem Bett oder im Handschuhfach Ihres Wagens noch Lagerstätten befinden. Wenn andere Mitglieder Ihrer Familie gern Schokolade essen, dann bitten Sie darum, dass sie in der ersten Diätwoche in ihrer Nähe darauf verzichten.

Liste der erlaubten Gemüsesorten

Alle sechs Diätpläne gestatten es Ihnen, unbegrenzte Mengen von bestimmten Gemüsesorten zu sich zu nehmen, die besonders kalorienarm sind. Genehmigen Sie sich ruhig großzügige Portionen, jedoch ohne Zusatz von Butter oder Margarine. Als Salatdressing sind nur Zitronensaft, Essig und Kräuter erlaubt. Es ist wichtig, dass Sie so viel von diesem Gemüse essen, wie Sie können – Sie versorgen Ihren Körper dadurch mit wertvollen Vitaminen und Mineralstoffen, die Ihnen beim Kampf gegen Ihre Sucht helfen werden. Hier ist die Liste:

Spargel
Sojabohnensprossen
Brokkoli
Rosenkohl
Weißkohl, Rotkohl
Blumenkohl

Fenchel
Gewürzgurken
Lauch (Porree)
Kopfsalat
Champignons
Senfsprossen und Kresse

Sellerie	Paprika (rot und grün)
Chicorée	Rettich, Radieschen
Chinakohl	grüne Bohnen
Schnittlauch	Schalotten
Zucchini	Spinat
Gurke	Frühlingszwiebeln
Grünkohl	Tomaten (aus der Dose oder frisch)
Endivie	Brunnenkresse

Männer Ergänzen Sie Ihren Diätplan um 300 Kalorien in Form von 2 zusätzlichen Scheiben Vollkornbrot oder zwei kleinen Brötchen mit etwas fettarmem Aufstrich sowie 275 ml Bier. Wenn Sie keinen Alkohol trinken, bekommen Sie eine kleine Kartoffel zusätzlich. Wenn Sie eine körperlich sehr anstrengende Tätigkeit ausüben (z. B. auf dem Bau), dann ergänzen Sie den Plan außerdem um 100 g Fleisch oder Fisch bzw. 50 g fettarmen Käse.

Diätplan für heimliche Schokoholics

Tagesmengen 275 ml fettarme Milch, Wasser und Mineralwasser. Trinken Sie reichlich Wasser – etwa 6–8 Gläser am Tag. Versuchen Sie, Tee und Kaffee zu meiden bzw. pro Tag nicht mehr als 2 Tassen Tee (nicht zu stark) zu trinken. Probieren Sie es stattdessen mit Kräutertee. Nehmen Sie jeden Tag eine Multivitaminkapsel.

Erlaubte Gemüsesorten Essen Sie so viel wie möglich von der Liste der „erlaubten" Gemüsesorten. Sie können das Gemüse kochen oder dünsten bzw. als Salat zubereiten. Fügen Sie keine Butter oder Margarine hinzu und verwenden Sie für den Salat ein Dressing aus Zitronensaft, Essig und Kräutern.

Schokolade … ist in der ersten Woche leider nicht erlaubt.

Dies ist der Anfang vom Rest Ihres Lebens. Wenn Sie erst Ihren Blutzuckerspiegel unter Kontrolle haben und Ihre Psyche darauf eingestellt ist, ohne die „Krücke" aus Schokolade zu leben, können Sie es langsam wieder mit Süßigkeiten versuchen. Die erlaubte Menge für die zweite Woche und die darauf folgenden beträgt 150 Kalorien pro Tag (schauen Sie in der Tabelle ab Seite 162 nach, wie viele Kalorien Ihre Lieblingssorten haben).

- Versuchen Sie nur halb so viele Zigaretten zu rauchen wie sonst.
- Reduzieren Sie Ihren Alkoholkonsum auf die unter *Extras* angegebene Menge.
- Verwenden Sie beim Kochen kein Salz. Benutzen Sie stattdessen Kräuter, Zitronensaft und Knoblauch.

Strategie

1. Das Beseitigen Ihrer Schokoladenvorräte ist ein Vorgang von besonderer Wichtigkeit. Wenn Sie gleich zu Anfang „reinen Tisch" machen, wird Ihnen das helfen, Ihre Diät einzuhalten. Sie werden überrascht sein, wie sehr Ihnen dieser eine Akt der Selbstkontrolle helfen wird. Belohnen Sie sich danach mit einem ausgiebigen, duftenden Bad. Wenn Sie möchten, können Sie jemandem davon erzählen, aber seien Sie weder enttäuscht noch irritiert, wenn Ihr Gegenüber mehr als skeptisch ist, ob Sie die Diät durchhalten werden. Es könnte durchaus in seinem/ihrem Interesse liegen, dass Sie dick bleiben. Denken Sie daran: Sie tun das alles für sich selbst!

2. Zeit für Bekenntnisse: Schreiben Sie die Dinge in Ihrem Leben auf, die Ihnen Sorgen bereiten, vor denen Sie Angst haben oder die Sie unglücklich machen. Die heimliche Schokoladensucht ist oft eine Flucht vor anderen Problemen im Leben. Wenn Sie einen guten Freund oder eine Freundin

haben (Verwandte sind nicht zu empfehlen), mit der/dem Sie über Ihre Probleme reden können, sollten Sie das ruhig tun. Sich auszusprechen hilft damit fertig zu werden. Sie können diese Liste aber auch für sich behalten. Aufschreiben ist auch eine Form der Auseinandersetzung und auf jeden Fall besser, als die Sorgen zu verdrängen. Und vergessen Sie nicht, dass Sie auch mir schreiben können, wenn Sie möchten. Wenn es sich um sehr schwerwiegende Probleme handelt, sollten Sie allerdings unbedingt die Hilfe eines professionellen Beraters in Anspruch nehmen. Wenden Sie sich an Ihre Krankenkasse oder das zuständige Gesundheitsamt – dort kann man Ihnen weiterhelfen.

3. Zeit für Belohnungen: Sich zum Schokoladeessen davonzustehlen gehört für Sie jetzt hoffentlich der Vergangenheit an. Versuchen Sie es stattdessen mit einer Belohnung dieser Art: eine Gesichtsmassage oder Maniküre, ein Besuch im Schwimmbad, ein Schaufensterbummel, ein Spaziergang im Park mit einem guten Buch und etwas Obst dabei oder stöbern Sie in einem Musikgeschäft herum.

4. Gehen Sie jeden Tag mindestens 20 Minuten straff zu Fuß. Das bringt Ihren Stoffwechsel in Schwung und reduziert Ihr Hungergefühl.

5. Gehen Sie einmal pro Woche schwimmen oder probieren Sie andere Sportarten aus – Tanzen, Skaten und Yoga eignen sich sehr gut. Die Übungen in Kapitel 8 wurden speziell für Schokoholics entwickelt – versuchen Sie es!

1. Woche

Täglich Nehmen Sie *ein* Frühstück, *zwei* kleine Mahlzeiten und *eine* Hauptmahlzeit sowie *ein* Extra zu sich. Sie können essen, wann Sie wollen, achten Sie jedoch darauf, dass die Pausen zwischen den einzelnen Mahlzeiten nicht zu lang sind. Trinken Sie viel Wasser: ein großes Glas vor jedem Essen und tagsüber ebenfalls reichlich.

Frühstück (200 Kalorien)

- 30 g ungesüßtes Müsli o. ä., etwas Milch (Tagesmenge beachten), 1 klein geschnittene Banane
- Sandwich aus 2 dünnen Scheiben Vollkornbrot mit 2 Esslöffeln Hüttenkäse, Tomatenscheiben und ein paar Weintrauben
- 1 Scheibe Vollkorntoast mit Tomate und einem gekochten Ei
- 1 große Scheibe Melone mit 2 Esslöffeln Hüttenkäse, 12 g gemischte Nüsse, ein kleines Glas ungesüßter Orangensaft

Kleine Mahlzeiten (jeweils 250 Kalorien)

In der Schale gebackene Kartoffeln Bereiten Sie aus den Zutaten von der Gemüseliste auf Seite 57 einen großen Salat und servieren Sie dazu 200 g gebackene Kartoffeln mit einer der folgenden Füllungen:

- 2 Esslöffel Mais
- ½ Becher Naturjoghurt
- 100 g Diät-Krautsalat

Salate Bereiten Sie aus den Zutaten von der Gemüseliste auf Seite 57 einen großen Salat und servieren Sie ihn mit einer dieser Varianten:

- 100 g Hähnchenschenkel, ohne Haut, gegrillt oder gebraten, 1 Apfel oder Orange
- 100 g gegrillter oder gedünsteter Fisch ohne Sauce, 2 kleine gekochte Kartoffeln, 1 kleine Banane
- 1 kleiner Becher Hüttenkäse, 2 Esslöffel Mais, 2 klein geschnittene Aprikosen, 1 Scheibe Vollkornbrot.

Sandwiches 2 Scheiben Vollkornbrot mit Salat von der Gemüseliste auf Seite 57 sowie einer der folgende Belagvarianten:

- 50 g Thunfisch im eigenen Saft mit Zitronensaft
- 2 Esslöffel Hüttenkäse

- 50 g geschälte Garnelen
- 25 g Schinken oder Hühnerfleisch, mager

Suppen
- 1 Dose Diät-Suppe (Geschmacksrichtung beliebig), 1 Scheibe Vollkornbrot, 1 Becher Diät-Joghurt
- Selbst zubereitete Gemüsesuppe (aus Zutaten von der Gemüseliste) mit Vollkorn-Croutons, 1 Scheibe Toast belegt mit Tomaten und 12 g geriebenem Edamer

Hauptgerichte (jeweils 350 Kalorien) Denken Sie daran, reichlich Gemüse und Salat von der Liste zu essen.
- 1 große Scheibe Melone, 75 g Sardinen aus der Dose auf 1 Scheibe Vollkorntoast, Tomaten, Brunnenkresse, 1 Orange
- 100 g gegrillte Leber, leichte Sauce verdünnt mit 2 Esslöffeln Orangensaft, 2 kleine gekochte Kartoffeln, 2 Esslöffel Mais, 1 kleine Banane
- 125 g Lammkotelett, leichte Sauce, 75 g Kartoffelbrei mit Milch (Tagesmenge beachten), 1 Birne oder 2 Aprikosen
- 1 Diät-Fertiggericht, 1 Stück frisches Obst als Nachtisch
- 125 g Brathering oder Dosensardinen, 2 kleine gekochte Kartoffeln, 1 Portion Diät-Pudding
- 1 gut durchgegrilltes Beefsteak, 2 Esslöffel Mais, 125 g in der Schale gebackene Kartoffeln, 100 g Erdbeeren oder Himbeeren
- 75 g mageres Fleisch, leichte Sauce, 2 kleine Röstkartoffeln, 1 kleines Vollkornbrötchen
- 75 g (Kochgewicht) Vollkornnudeln oder Naturreis mit einer der folgenden Beilagen, als Nachtisch 1 Apfel oder 1 Orange:
- 75 g Garnelen mit Tomaten, Knoblauch und Kräutern
- 25 g Schinkenstreifen mit einer Dose Diät-Pilzsuppe
- 50 g Hähnchenbrust mit einer Dose Diät-Hühnersuppe

Extras (100 Kalorien) Wählen Sie *eins* für jeden Tag.

- 1 Glas trockener Wein
- 2 kalorienarme Mixgetränke (mit Soda oder Tonic, keine süße Limonade)
- 275 ml Bier
- 2 Scheiben Knäckebrot mit 2 Esslöffeln Hüttenkäse, Gewürzgurkenscheiben oder 1 Teelöffel süßsauer eingelegtes Gemüse
- 1 Tasse Diät-Suppe mit einer kleinen Scheibe Vollkornbrot

2. Woche und folgende
Sie dürfen jetzt pro Tag Schokolade aus der Kalorientabelle ab Seite 162 im „Wert" von 150 Kalorien zu sich nehmen bzw. *ein* Dessert oder Getränk mit 200 Kalorien aus der Rezeptsammlung in Kapitel 10 (Seiten 138–157).

Diätplan für Frustesser

Tagesmengen 275 ml fettarme Milch zum Tee und Kaffee, Wasser und Mineralwasser so viel Sie wollen. Sie sollten den Konsum von Schwarztee einschränken und stattdessen Kräutertees und Wasser trinken.

Erlaubte Gemüsesorten Essen Sie so viel wie möglich von der Liste der „erlaubten" Gemüsesorten (Seite 57). Kochen oder dünsten Sie das Gemüse kurz oder servieren Sie es als Salat. Fügen Sie keine Butter oder andere Fette hinzu. Bereiten Sie Ihr Salatdressing selbst zu und verwenden Sie dafür Zitronensaft, Essig, schwarzen Pfeffer, Kräuter und Knoblauch. Vermeiden Sie Salz – verzichten Sie darauf beim Kochen und bestreuen Sie auch Ihr Essen nicht damit.

Schokolade 200 Kalorien pro Tag in der zweiten Woche, reduziert auf 150 Kalorien pro Tag in der dritten Woche. Kaufen Sie Ihre Schokoladenrationen tageweise ein und legen Sie keine Vorräte an. Verstauen Sie die Schokolade nach dem Einkaufen sofort in einer Dose. Essen Sie Schokolade, wenn es Ihnen gut geht und keinesfalls dann, wenn etwas schief läuft. Naschen Sie nicht, wenn Sie Ärger mit Ihren Kindern oder Ihrem/r Partner/in haben, sondern wenn Sie guter Dinge sind. Wählen Sie die Süßigkeiten aus der Kalorientabelle ab Seite 162 oder aus der Rezeptsammlung in Kapitel 10 aus.

Strategie

1. Stress ist einer der Gründe dafür, dass Sie mehr Schokolade essen, als Sie sollten. Das gleiche Stimmungshoch, das Ihnen die Schokolade verschafft, können Sie durch sportliche Betätigung erreichen. Besuchen Sie während dieser Diät mindestens dreimal pro Woche ein Fitness-Studio bzw. einen Gymnastik- oder Aerobic-Kurs. Der Sport sollte dafür sorgen, dass Sie dreimal in der Woche für ca. 20 Minuten richtig außer Atem sind. Sie können auch auf einen Heimtrainer zurückgreifen. Preiswerter und genau so effektiv ist es, die Treppen hinauf- und hinunter zu laufen oder die unterste Stufe für Springübungen zu benutzen.

2. Machen Sie sich jeden Tag eine Liste, was Sie auf Arbeit, für sich selbst und für Ihre Familie zu besorgen haben. Haken Sie alle Punkte ab, sobald sie erledigt sind. Lassen Sie sich die Sorgen nicht über den Kopf wachsen. Versuchen Sie die Probleme logisch anzugehen. Sprechen Sie mit Ihrem/r Partner/in oder mit Freunden, wenn Sie mit einer Sache nicht zurecht kommen. Wenn möglich, konsultieren Sie einen Arzt oder Berater. Schreiben Sie mir, wenn Sie einen Rat benötigen, der sich nicht in diesem Buch findet.

3. Wenn Sie allein leben oder sich trotz einer Partnerschaft einsam fühlen, ist es gut, wenn Sie Kontakt mit Vereinen an Ihrem Wohnort aufnehmen. Eine ehrenamtliche Tätigkeit, die Mitgliedschaft in einem Verein oder ein Kurs an der Volkshochschule wird Ihnen neue Lebensperspektiven eröffnen. Selbst wenn Sie beruflich sehr engagiert sind (und tatsächlich sind viele Frustesser Erfolgstypen, die den ganzen Tag andere Leute herumkommandieren) – Abwechslung wirkt manchmal Wunder.

4. Unterhalten Sie sich jeden Tag mit jemand neuem. Das bedeutet nicht, dass Sie wahllos fremde Leute ansprechen sollen. Vielmehr geht es um kurze, nette Gespräche mit Personen, die für Sie keine „Bedrohung" darstellen, wie zum Beispiel Verkäuferinnen, Taxifahrer oder Arbeitskollegen, mit denen Sie noch nie zuvor gesprochen haben.

5. Gehen Sie jede Woche Schwimmen, Skaten oder zu einem Yoga-Kurs und probieren Sie die Übungen in Kapitel 8.

6. Wenn Sie das Gefühl haben, sofort Schokolade essen zu müssen, trinken Sie stattdessen ein großes Glas Wasser oder rufen Freunde an. Wenn Sie den Druck danach immer noch spüren, essen Sie einen der unten aufgeführten „Notfall-Snacks".

1. Woche

Täglich Wählen Sie *ein* Frühstück, *eine* kleine Mahlzeit, *eine* Hauptmahlzeit und *zwei* Extras aus.

Frühstück (200 Kalorien)

- 1 Scheibe Vollkorntoast mit einer zerdrückten Banane und 1 Teelöffel Honig
- 25 g ungesüßtes Müsli o. ä., etwas Milch (Tagesmenge beachten), 1 Apfel, 2 Scheiben Knäckebrot mit etwas fettarmem Aufstrich

- 1 gekochtes Ei, 1 Scheibe Vollkorntoast
- 100 g Aprikosen oder Feigen aus der Dose mit 1 Teelöffel Müsli und 1 Esslöffel Naturjoghurt

Kleine Mahlzeiten (250 Kalorien)

Warme Gerichte Diät-Fertiggerichte mit 250 Kalorien oder weniger (auf der Packung nachlesen), serviert mit reichlich Gemüse und/oder Salat von der Gemüseliste auf Seite 57.

In der Schale gebackene Kartoffeln Bereiten Sie aus den Zutaten von der Gemüseliste einen großen Salat und servieren Sie dazu 200 g gebackene Kartoffeln mit einer der folgenden Füllungen:

- 2 Esslöffel Mais
- ½ Becher Naturjoghurt
- 2 Esslöffel Hüttenkäse

Salate Bereiten Sie einen großen Salat aus den Zutaten von der Gemüseliste und servieren Sie ihn mit einer dieser Varianten:

- 100 g Hähnchenschenkel, ohne Haut, gegrillt oder gebraten, 1 Apfel oder 1 Orange
- 100 g gegrillter oder gedünsteter Fisch, 2 kleine gekochte Kartoffeln, 1 kleine Banane
- 1 kleiner Becher Hüttenkäse, 2 Esslöffel Mais, 2 kleingeschnittene Aprikosen, 1 Scheibe Vollkornbrot.

Sandwiches 2 Scheiben Vollkornbrot mit Salat von der Gemüseliste sowie einer der folgende Belagvarianten:

- 50 g Thunfisch im eigenen Saft mit Zitronensaft
- 25 g Schinken oder Hühnerfleisch, mager

Suppe Verwenden Sie eine Diät-Suppe als Grundlage und fügen Sie Gemüse von der Liste hinzu sowie 50 g Hühnerfleisch, Thunfisch oder Schinken (klein geschnitten), 1 kleines Vollkornbrötchen

Hauptgerichte (350 Kalorien) Denken Sie daran, reichlich Gemüse und Salat von der Liste zu essen.

- 75 g (Kochgewicht) Vollkornnudeln oder Naturreis mit einer der folgenden Beilagen und als Nachtisch 1 Apfel oder 1 Orange:
- 75 g Garnelen mit Tomaten, Knoblauch und Kräutern
- 25 g Schinkenstreifen mit einer Dose Diät-Pilzsuppe
- 50 g Hähnchenbrust mit einer Dose Diät-Hühnersuppe
- 1 gut durchgegrilltes Beefsteak, 2 Esslöffel Mais, Tomate, 1 Scheibe Vollkornbrot, 1 große Banane (kleingeschnitten, mit etwas Milch – Tagesmenge beachten – sowie 12 g gemischte Nüsse)
- 75 g mageres, gebratenes Fleisch, leichte Sauce, 50 g Erbsen, 50 g Möhren, 75 g Röstkartoffeln, 1 Apfel oder 1 Orange
- 200 g gerillte Hähnchenschenkel ohne Haut, 125 g in der Schale gebackene Kartoffeln, 1 kleine Banane
- Hühner- oder Fischpfanne aus 100 g Hühnerfleisch oder Fisch, gegart in 1 Dose Diätsuppe, mit Zwiebelringen und Paprika, 75 g Kartoffelbrei mit Milch (Tagesmenge beachten), 1 Becher kalorienreduzierte Quarkspeise
- ½ mittelgroße Pizza

Extras oder Notfall-Snacks (jeweils 50 Kalorien) *Eine* Option pro Tag.

- ½ Glas trockener Wein, gespritzt mit Mineralwasser sowie ein paar Weintrauben
- 2 Scheiben Knäckebrot mit 2 Esslöffeln Hüttenkäse und Gewürzgurkenscheiben
- 1 kleine Banane
- 10 Weintrauben

2. Woche und folgende
Ergänzen Sie Ihre Diät pro Tag um 200 Kalorien in Form von Schokolade und reduzieren Sie diese Menge in der dritten Woche bzw. bis zum Erreichen Ihres angestrebten Gewichts auf 150 Kalorien. Sie können auch täglich *ein* Dessert oder Getränk mit 200 Kalorien aus dem Rezeptteil zu sich nehmen. Achten Sie jedoch darauf, dass Sie diese Dinge nur essen oder trinken, wenn es Ihnen gut geht!

Diätplan für Prämenstruations-Schokoholics

Diese Diät sollten Sie ein oder zwei Wochen vor bzw. während Ihrer Monatsblutung einhalten.

Tagesmengen 275 ml fettarme Milch zum Tee und Kaffee, Wasser und Mineralwasser so viel Sie wollen. Versuchen Sie, so viel Schwarztee und Kaffee wie möglich durch Wasser oder Kräutertees zu ersetzen.

Erlaubte Gemüsesorten Essen Sie so viel wie möglich von der Liste der „erlaubten" Gemüsesorten (Seite 57). Fügen Sie weder Butter noch fettreduzierte Margarine hinzu. Verwenden Sie für Salatdressings nur Zitronensaft, Knoblauch, Kräuter und Essig.

Schokolade In der zweiten Woche Ihrer Diät dürfen Sie pro Tag bis zu 100 Kalorien in Form von Schokolade aus der Kalorientabelle ab Seite 162 zu sich nehmen. Sie können sich diese Menge jedoch auch „aufsparen" und stattdessen zum Beispiel zweimal pro Woche eine entsprechend größere Menge essen. Wenn Sie sich jedoch strikt an die Diät halten und Ihre Schokoladensucht nicht sehr stark ist, werden Sie möglicherweise feststellen, dass die Schokoladen-Attacken ganz ausbleiben.

- In der Woche vor Ihrer Periode und während der Periode nehmen Sie täglich ein Vitamin-B6-Präparat sowie Nachtkerzenöl-Kapseln gemäß der Dosierungsanleitung ein.
- Verwenden Sie beim Kochen kein Salz. Benutzen Sie stattdessen Kräuter, Zitronensaft und Knoblauch, wenn Sie ihn mögen.

Strategie

1. Gehen Sie jeden Tag 20 Minuten straff zu Fuß. Das trägt dazu bei, Spannungen abzubauen und Ihren Stoffwechsel anzuregen.
2. Machen Sie jeden Morgen vor dem Spiegel Atemübungen. Atmen Sie dazu zunächst langsam durch den Mund aus und anschließend durch die Nase wieder ein. Wiederholen Sie diese Übung zehnmal. Anschließend können Sie sich den Problemen des Tages stellen.
3. Bekämpfen Sie Spannungskopfschmerzen mit Hilfe von Übungen für Schultern und Nacken: Armkreisen rückwärts, die Schultern im Wechsel hochziehen und fallen lassen, oder legen Sie die rechte Hand über die rechte Schulter und führen Sie die linke Hand von unten den Rücken hinauf, bis sie die rechte Hand berührt; anschließend mit links wiederholen.
4. Versuchen Sie es mit Akupressur: Legen Sie Ihre Mittelfinger in die Hohlräume seitlich am Kopf neben den Augenbrauenknochen. Drücken Sie kräftig, zählen Sie dabei bis sechs, dann lassen Sie los. Diese Methode hilft gegen Kopfschmerzen. Versuchen Sie es also erst damit, bevor Sie zu einem Schmerzmittel greifen, das Sie vielleicht gar nicht brauchen.

Oder wie wäre es damit: Knien Sie sich auf ein Kissen, legen Sie die Hände aneinander, die Rückseiten der Finger berühren sich und die Fingerspitzen zeigen auf Ihren Bauch.

Drücken Sie die Finger entspannt in die Mitte des Bauches (unter den Rippen, über dem Nabel). Nun lehnen Sie sich langsam nach vorn und atmen aus. Richten Sie sich zum Einatmen wieder auf. Diese Bewegung wiederholen Sie sechsmal. Anschließend strecken Sie sich kräftig beim Aufstehen. Diese Übung hilft gegen Depressionen oder Angstgefühle.

5. Gehen Sie ein- oder zweimal pro Woche schwimmen oder nehmen Sie an einem Yoga- oder Tanzkurs teil. Schwimmen ist wunderbar entspannend und da Sie dabei jeden Teil Ihres Körpers bewegen, ist es die perfekte Sportart. Durch Yoga und Tanzen werden ebenfalls Spannungen abgebaut. Zwingen Sie sich nicht zu einem Aerobic-Kurs oder zum Joggen – beides kann manchmal eher anstrengend als angenehm sein.

6. Wenn Sie niedergeschlagen sind, gönnen Sie sich eine Belohnung – ein duftendes Bad, ein Spaziergang im Park oder ein kalorienarmes Mittagessen mit einer Freundin. Lassen Sie den Kopf nicht hängen … Sie schaffen es!

Wählen Sie nun *fünf* kalorienarme Mahlzeiten pro Tag aus der folgenden Aufstellung sowie *ein* Extra (inkl. Alkohol!) aus. Wenn Sie möchten, können Sie auch zwei Mahlzeiten auf einmal essen, aber eigentlich ist es besser, sie über den Tag zu verteilen; vor allem an den „gefährlichen“ Tagen kurz vor der Periode.

Ballaststoffreiche Mahlzeiten

- ½ Grapefruit, 25 g ungesüßtes Müsli o. ä. mit einer mittelgroßen Banane und Milch (Tagesmenge beachten)
- 1 Weetabix, Milch (Tagesmenge beachten), 2 Scheiben Knäckebrot mit etwas fettarmem Aufstrich, 1 Becher Diät-Joghurt
- 25 g Haferflockenbrei zubereitet mit Wasser und Milch

(Tagesmenge beachten), 1 Apfel, 1 Scheibe Knäckebrot mit etwas Schmelzkäse
- 100 g Feigen aus der Dose mit 1 Esslöffel ungesüßtem Müsli sowie 1 Becher Naturjoghurt

Fischgerichte Servieren Sie Gemüse oder Salat von der Liste auf Seite 57 mit einer der folgenden Varianten:
- 100 g gegrillter oder gedünsteter Fisch, 2 kleine gekochte Kartoffeln
- Diät-Fertiggericht (z. B. Kabeljau) ein paar Weintrauben oder 2 Aprikosen
- 100 g Meeresfrüchte jeglicher Art, 1 Scheibe Vollkornbrot

In der Schale gebackene Kartoffeln Backen Sie 200 g Kartoffeln und servieren Sie dazu einen großen Salat oder reichlich Gemüse von der Liste auf Seite 57 sowie eine der folgenden Füllungen:
- 2 Esslöffel Hüttenkäse oder Mais
- 12 g geriebener Edamer und Dosentomaten
- ½ Becher Naturjoghurt mit Schnittlauch

Fleischgerichte Servieren Sie Gemüse von der Liste, gekocht oder gedünstet, mit einer der folgenden Varianten:
- 125 g mageres Kotelett mit leichter Sauce
- 200 g Grill- oder Brathähnchen ohne Haut mit leichter Sauce
- 75 g mageres, gebratenes Fleisch, leichte Sauce, 1 kleine gekochte Kartoffel
- 1 durchgegrilltes Beefsteak, 2 Esslöffel Mais, 1 kleine gekochte Kartoffel

Salate Bereiten Sie aus den Zutaten von der Gemüseliste einen großen Salat. Außer Kopfsalat und Tomaten können

Sie auch rohen Blumenkohl, Spinat, grüne Bohnen (gekocht und abgekühlt) sowie Zucchini etc. verwenden. Anschließend eine der folgenden Beilagen zugeben:

- 75 g Hühnerfleisch (ohne Haut)
- 2 Esslöffel Mais, 1 Apfel
- 100 g Weißfisch (gegrillt oder gedünstet), 2 kleine gekochte Kartoffeln
- 175 g in der Schale gebackene Kartoffeln, 12 g geriebener Edamer
- 50 g magerer Schinken, 1 kleines Vollkornbrötchen

Sandwiches 2 dünne Scheiben Vollkornbrot mit Salat von der Gemüseliste sowie einer der folgenden Belagvarianten:

- 25 g geriebener Edamer
- 3 Esslöffel Hüttenkäse
- 50 g Thunfisch im eigenen Saft
- 50 g Hühnerfleisch (ohne Haut)
- 1 mittelgroße Banane, kleingeschnitten und mit Zitronensaft beträufelt

Extras (jeweils 100 Kalorien) *Eine* Option pro Tag.

- 1 Glas trockener Wein
- 2 kalorienarme Mixgetränke
- 275 ml Bier
- 12 g ungesalzene Nussmischung
- 1 große Scheibe Vollkornbrot mit etwas fettarmem Aufstrich
- 1 große Banane
- 1 Becher Diät-Quark oder -Joghurt und 1 Vollkornkeks

Diätplan für Romantiker

Tagesmengen Wasser und Mineralwasser sowie 275 ml fettarme Milch zum Tee und Kaffee.

Erlaubte Gemüsesorten Essen Sie so viel wie möglich von der Liste der „erlaubten" Gemüsesorten (Seite 57). Fügen Sie weder Butter noch fettreduzierte Margarine hinzu. Verwenden Sie als Salatdressing nur Zitronensaft, Knoblauch, Kräuter und Essig.

Schokolade Nach der ersten, schokoladenfreien Woche haben Sie sich etwas zu Naschen verdient. Dreimal pro Woche dürfen Sie 300 Kalorien in Schokolade „investieren". Das ist sehr *viel*. Wählen Sie die Süßigkeiten aus der Kalorientabelle ab Seite 162 bzw. aus der Rezeptsammlung in Kapitel 10 aus. Achten Sie darauf, dass Sie nicht mehr und nicht weniger als dreimal pro Woche einkaufen gehen. Genießen Sie die Gelegenheit ganz frei von Schuldgefühlen.

Strategie

1. Schreiben Sie Ihre positiven Eigenschaften auf – körperlich, intellektuell oder welcher Art auch immer. Halten Sie die Liste immer griffbereit und lesen Sie sich diese öfter durch!
2. Stellen Sie eine Liste der Ursachen auf, die normalerweise eine Schokoladenattacke bei Ihnen auslösen. Lesen Sie auch diese Liste gründlich durch und überlegen Sie, ob es Möglichkeiten gibt, wie Sie diese Faktoren vermeiden oder ihnen auf andere Weise begegnen können.
3. Während dieser Diät sollten Sie sich jeden Tag etwas Gutes tun. Dazu gehört alles was Ihnen Vergnügen bereitet: die Lektüre Ihrer Lieblingszeitschrift, ein ausgedehntes, duftendes Bad oder ein Abend mit einem rührseligen Video. Und wirklich, Sie dürfen Schokolade essen, während Sie sich verwöhnen – solange es im Rahmen der erlaubten Menge bleibt (siehe oben).
4. Wenn Sie ein unkontrollierbarer Drang nach Schokolade überkommt, können Sie diesen kompensieren durch a) zwei

oder drei Gläser Wasser, b) einen Anruf bei einem geliebten Menschen oder bei jemandem, der Sie zum Lachen bringt oder c) durch einen straffen Spaziergang oder sportliche Betätigung.
5. Während der Diät ist es ratsam, die Übungen in Kapitel 8 durchzuführen oder mehrmals in der Woche schwimmen zu gehen. Sie gehören zu den Menschen, die sinnliche Vergnügen genießen. Daher sollten Sie sich gelegentlich eine Massage oder einen Saunabesuch gönnen, oder mit einem guten, erotischen Buch ins Bett gehen und dabei Ihre Tagesration Schokolade naschen.

1. Woche
Täglich Nehmen Sie *ein* Frühstück, *eine* kleine Mahlzeit, *eine* Hauptmahlzeit und *ein* Extra zu sich.

Frühstück (200 Kalorien)
- 1 Scheibe Vollkorntoast, 1 gekochtes Ei, Tomate, Brunnenkresse
- 1 große Banane mit 25 g ungesüßtem Müsli o. ä. und Milch (Tagesmenge beachten)
- 1 dünne Scheibe durchgebratener, durchwachsener Schinkenspeck, 50 g Mais, 2 Scheiben Knäckebrot mit etwas fettarmem Aufstrich, 1 kleines Glas ungesüßter Apfel- oder Orangensaft
- Obstsalat aus 1 mittelgroßen Melone, 1 kleinen Banane, 2 frischen Aprikosen, 2 Esslöffeln Joghurt und 1 Teelöffel gemischten Nüssen

Mittagsgerichte (300 Kalorien)
Toasts Belegen Sie 2 Scheiben Vollkorntoast mit folgenden Zutaten:
- gegrillte Tomaten bestreut mit 25 g Edamer
- 100 g Mais, Tomaten, Brunnenkresse

- 1 Spaghetti-Diätgericht
- 100 g Champignons gegart in Hühnerbrühe, als Nachtisch 1 Becher Diät-Joghurt

Salate Essen Sie so viel Salat wie möglich von der Gemüseliste (Seite 57) und wählen Sie dazu eine der folgenden Beilagen aus:

- 200 g Hähnchenschenkel ohne Haut, 150 g in der Schale gebackene Kartoffeln
- 50 g Sardinen (abgetropft), Zitronensaft, 1 Becher Diät-Joghurt, 1 kleines Brötchen
- 50 g magerer Schinken oder Rächerlachs (als Extra!), 1 Scheibe Vollkornbrot mit fettarmer Margarine, 1 große Banane

Sandwiches 2 Scheiben Vollkornbrot, Salat von der Gemüseliste (Seite 57) sowie eine der folgenden Belagvarianten:

- 75 g Thunfisch im eigenen Saft
- 1 hart gekochtes Ei, in Scheiben geschnitten
- 50 g Hüttenkäse und Gewürzgurkenscheiben, als Nachtisch 1 Apfel

Abendgerichte (350 Kalorien)

- 1 große Scheibe Melone, 250 g gegrillte Forelle oder gegrillter Hering, großer Salat von der Gemüseliste, 1 kleines Vollkornbrötchen
- ½ Grapefruit mit Süßstoff, 75 g mageres Lammkotelett, leichte Sauce, reichlich Gemüse von der Liste, 1 Kugel Vanilleeiscreme mit 100 g Erdbeeren oder Himbeeren
- 1 Diät-Fertiggericht mit reichlich Gemüse und Salat von der Liste
- 1 Diät-Suppe, 1 Diät-Fischgericht mit Gemüse und Salat von der Liste, 1 kleines Stück Obst (Banane, Apfel oder Birne)
- Grillplatte: 1 gut durchgegrilltes Beefsteak, 100 g Pilze (gegart in Hühnerbrühe), gegrillte Tomaten, Brunnen-

kresse, 1 gegrilltes, fettarmes Würstchen, 1 Esslöffel Mais, als Beilage ein großer gemischter Salat von der Liste

- *Vorspeise:* Tomatenscheiben, 25 g gewürfelter Edamer, Schnittlauchröllchen, Dressing aus klein gehacktem Knoblauch, Essig und Kräutern; *Hauptgang:* 100 g Hähnchenbrust (gegart in kalorienarmer Hühnersuppe) mit Gemüse von der Liste; *Dessert:* Bratapfel mit etwas Sprühsahne. Hm, lecker!
- 75 g gebratenes Fleisch, leichte Sauce, 75 g Röstkartoffeln, große Portion Gemüse von der Liste, roter Obstsalat (1 roter Apfel, rote Johannisbeeren, Himbeeren und Erdbeeren) mit 1 Esslöffel Naturjoghurt

Extras (jeweils 100 Kalorien) *Eine* Option pro Tag.

- 1 Glas trockener Wein
- 2 kalorienarme Mixgetränke
- 275 ml Bier
- 1 große Banane
- 1 Vollkornkeks

2. Woche und folgende

Ergänzen Sie Ihre Diät an drei Tagen pro Woche um 300 Kalorien in Form von Schokolade. Genießen Sie sie ohne schlechtes Gewissen. Essen Sie jedes Stück langsam. Alternativ dazu können Sie auch Rezepte aus der Sammlung ab Seite 138 verwenden. Achten Sie jedoch darauf, dass die Grenze von 300 Kalorien pro Tag nicht überschritten wird.

Diätplan für Wochenend-Schokoholics

Diese Diät umfasst 1000 Kalorien an Wochentagen und 1400 Kalorien pro Tag am Wochenende.

Tagesmengen 275 g fettarme Milch zum Tee und Kaffee, Wasser und Mineralwasser so viel Sie wollen.

Erlaubte Gemüsesorten Essen Sie so viel Sie wollen von der Gemüseliste auf Seite 57. Das Gemüse kann gekocht, gedünstet oder roh verzehrt werden. Verwenden Sie weder Butter noch Margarine und bereiten Sie Ihr Salatdressing aus Zitronensaft, Essig, Kräutern und Knoblauch selbst zu.

- Alkohol ist in begrenztem Maße nur am Wochenende gestattet.
- Verwenden Sie beim Kochen kein Salz und bestreuen Sie auch Ihr Essen nicht damit.

Strategie

1. Schreiben Sie auf, wo Sie normalerweise Schokolade kaufen – im Supermarkt, an der Tankstelle oder im Zeitungsladen. Danach entspannen Sie sich und stellen sich vor, wie Sie in diese Geschäfte gehen, ohne dort Schokolade zu kaufen. Wiederholen Sie diese Übung jeden Tag.
2. Halten Sie in Ihrer Handtasche oder im Auto immer ein Stück frisches Obst bereit. Essen Sie es in Momenten der Anspannung oder bevor Sie in ein Geschäft gehen.
3. Wenn Sie Schokolade im Haus haben, sorgen Sie dafür, dass sich diese außerhalb Ihrer Sichtweite befindet – zum Beispiel in einer Dose ganz oben auf dem Schrank.
4. Eines Ihrer Probleme besteht darin, dass Sie Freude und Vergnügen immer mit Schokolade in Verbindung bringen. Bereiten Sie sich deshalb jeden Tag eine Freude, die nichts mit Essen zu tun hat, zum Beispiel Musik hören, lesen, Nagelpflege oder einen Friseurbesuch.
5. Bevor Sie ins Kino oder ins Konzert gehen, sollten Sie unbedingt ausreichend essen. Nehmen Sie keine Süßigkeiten mit. Bleiben Sie in der Pause sitzen!

6. Sie sind ein sinnlicher Mensch – gönnen Sie sich daher gelegentlich eine Massage mit Aromaölen, was zu zweit besonders viel Spaß macht. Außerdem ist es eine gute Alternative zu einem teuren Besuch im Massagesalon.
7. Gehen Sie am Wochenende viel an die frische Luft und treiben Sie Sport, zum Beispiel Golf oder Tennis oder machen Sie einfach einen Spaziergang. Im Gegensatz zur landläufigen Meinung ist sportliche Betätigung durchaus ein wirksames Mittel gegen Schokoladensucht. Versuchen Sie sich jede Woche ca. 20 Minuten intensiv zu bewegen (Schwimmen, Rad fahren, Gymnastikkurs).

An Wochentagen

Wählen Sie *ein* Frühstück, *eine* kleine Mahlzeit, *eine* Hauptmahlzeit und *ein* Extra aus. Zwischen den Mahlzeiten können Sie etwas Gemüse von der Liste auf Seite 57 knabbern.

Frühstück (200 Kalorien)

- 25 g ungesüßtes Müsli o. ä., Milch (Tageshöchstmenge beachten), 1 große Banane
- 1 gekochtes Ei, 1 Scheibe Vollkorntoast mit etwas fettarmem Aufstrich
- 1 Scheibe Melone, 1 Scheibe Vollkorntoast, 75 g Pilze (gegart in Hühnerbrühe), bestreut mit 12 g Edamer
- 1 Weetabix, Milch (Tageshöchstmenge beachten), ein paar Weintrauben, 1 kleines Glas Orangensaft

Kleine Mahlzeiten (250 Kalorien)

Salate Bereiten Sie einen großen Salat aus Zutaten von der Gemüseliste (Seite 57) und servieren Sie ihn mit einer der folgenden Varianten:

- 200 g Hähnchenschenkel ohne Haut, gegrillt oder gebraten, 1 Apfel oder 1 Orange

- 100 g gedünsteter oder gerillter Fisch, 1 kleine gekochte Kartoffel, 1 kleine Banane
- 1 kleiner Becher Hüttenkäse, 2 Esslöffel Mais, 2 klein geschnittene Aprikosen, 1 Scheibe Vollkornbrot

Sandwiches 2 Scheiben Vollkornbrot mit Salat von der Gemüseliste und einer der folgenden Belagvarianten:

- 1 kleine Banane beträufelt mit Zitronensaft
- 1 Teelöffel Erdnussbutter
- 1 kaltes, klein geschnittenes Würstchen
- 1 Apfelscheiben mit 12 g gemischten Nüssen

Suppen

- 1 Dose Diät-Suppe (Geschmacksrichtung beliebig), 1 Scheibe Vollkornbrot, 1 Becher Diät-Joghurt
- Selbst gekochte Gemüsesuppe mit Vollkorn-Croutons, 1 Scheibe Toastbrot belegt mit Tomatenscheiben, ein paar Weintrauben

Hauptgerichte (400 Kalorien)

Denken Sie daran, reichlich Salat und Gemüse von der Liste zu essen.

- 1 Diät-Fertiggericht, 1 Apfel, 1 Orange oder 1 kleine Banane als Nachtisch
- 75 g (Kochgewicht) Vollkornnudeln oder Naturreis mit einer der folgenden Beilagen sowie 1 kleines Vollkornbrötchen und 1 Apfel oder 1 Orange als Nachtisch
- 75 g Garnelen mit Tomaten, Kräutern und Knoblauch
- 25 g Schinkenstreifen mit 1 Dose Diät-Pilzsuppe
- 100 g gegrillte Leber mit leichter Sauce, 1 dünne Scheibe durchwachsener, gebratener Schinkenspeck, 1 gegrilltes Würstchen, 75 g Kartoffelbrei, 100 g Pilze in Wasser gegart, gegrillte Tomaten
- 200 g Hähnchenschenkel ohne Haut, 75 g (Kochgewicht) Naturreis, 50 g Mais, 50 g Möhren

- 75 g mageres, gebratenes Fleisch, leichte Sauce, 2 mittelgroße Röstkartoffeln, 50 g Erbsen, 25 g Vanille-Eiscreme
- 1 Dose Diät-Suppe (Geschmacksrichtung beliebig), 100 g Forelle oder Hering (gegrillt), 2 kleine gekochte Kartoffeln, 50 g Möhren, 1 Becher Diät-Joghurt

Extras (50 Kalorien) *Eine* Option pro Tag.

- 1 Vollkornkeks
- 2 Scheiben Knäckebrot mit etwas fettarmem Aufstrich und Tomatenscheiben
- 1 kleine Banane

Am Wochenende

Wie an Wochentagen, jedoch pro Tag zusätzlich 300 Kalorien in Form von Schokolade aus der Kalorientabelle ab Seite 162 **oder** ein Rezept mit 300 Kalorien aus der Rezeptsammlung in Kapitel 10.

Sie können auch jeden Tag eines der folgenden Getränke zu sich nehmen:

- 1 Glas trockener Wein
- 2 kalorienarme Mixgetränke
- 275 ml Bier

In Restaurants

Essen Sie eine klare Suppe oder ein Stück Melone und anschließend ein einfaches Fisch- oder Fleischgericht mit Gemüse und Salat. In indischen Restaurants sollten Sie Hühnchen-Tikka oder Tandoori, Gurken-Raita, Poppadam-Brot und einfachen Reis bestellen. Beim Italiener wählen Sie am besten ein Fischgericht ohne Sauce. Am Büfett sollten Sie sich für Pute mit frischem Gemüse entscheiden und als Nachtisch eine kleine Portion Eiscreme.

Diätplan für Zuckersüchtige

Anmerkung: Es ist sehr wahrscheinlich, dass Sie zusätzliche Beratung und Hilfe beim Abnehmen benötigen. Lassen Sie sich von Ihrem Arzt gründlich untersuchen und konsultieren Sie eine Beratungsstelle für Essstörungen. Adressen, wo man Ihnen weiterhelfen kann, finden Sie auf Seite 169.

Tagesmengen 275 ml fettarme Milch zum Tee und Kaffee, Wasser und Mineralwasser so viel Sie wollen. Versuchen Sie pro Tag nur 2 Tassen Tee und Kaffee zu sich zu nehmen und stattdessen Kräutertee und reichlich Wasser zu trinken.

Erlaubte Gemüsesorten Essen Sie viel wie möglich von der Gemüseliste auf Seite 57. Sie können das Gemüse kochen, dünsten oder roh als Salat servieren. Verwenden Sie weder Butter noch Öl. Bereiten Sie Ihr Dressing selbst aus Zitronensaft, Essig, Kräutern und Knoblauch zu.

Schokolade Nach der ersten Woche dürfen Sie pro Tag 200 Kalorien in Form von Schokolade zu sich nehmen (siehe Kalorientabelle ab Seite 162 oder Rezeptteil in Kapitel 10). Essen Sie langsam und genießen Sie es.

- Verwenden Sie beim Kochen kein Salz und bestreuen Sie auch Ihr Essen nicht damit.

Strategie

1. Yoga oder Meditation sind zur Unterstützung gut geeignet. Es werden zahlreiche Kurse angeboten – erkundigen Sie sich an Ihrem Wohnort danach.
2. Um Stress abzubauen und Ihren Stoffwechsel in Schwung zu bringen, gehen Sie jeden Tag ca. 20 Minuten straff zu Fuß. Selbst wenn Sie beruflich viel unterwegs sind, sind diese

Spaziergänge trotzdem wichtig. Selbst wenn Sie den Eindruck haben, dass Sie den ganzen Tag in Aktion sind, bekommt Ihr Körper dabei doch meist nicht ausreichend Bewegung.
3. Achten Sie darauf regelmäßig zu essen. Diese Diät erlaubt Ihnen vier Mahlzeiten am Tag plus Extras. Verteilen Sie die Mahlzeiten über den Tag um Ihren Blutzuckerspiegel auf hohem Niveau zu halten. Mahlzeiten auszulassen ist sowohl für Ihre Gesundheit schädlich als auch für das Abnehmen.
4. Sie sollten immer etwas frisches Obst dabei haben. Essen Sie es, wenn Sie müde oder niedergeschlagen sind.
5. Nehmen Sie jeden Tag ein Multivitamin-Präparat zu sich. Frauen können vor der Monatsblutung zusätzlich Vitamin B6 und Nachtkerzenöl-Kapseln einnehmen.
6. In Ihrer Freizeit sollten Sie sich viel an der frischen Luft bewegen: Spazieren gehen, Tennis spielen oder Schwimmen.
7. Schreiben Sie auf, wo Sie normalerweise Schokolade kaufen und meiden Sie diese Geschäfte. Kaufen Sie Ihre Schokolade in anderen Läden und vermeiden Sie es, große Mengen davon zu kaufen, sondern besser einzelne Tagesrationen.

1. Woche

Täglich Nehmen Sie pro Tag *ein* Frühstück, *zwei* kleine Mahlzeiten, *eine* Hauptmahlzeit und *ein* Extra zu sich.

Frühstück (150 Kalorien)

- 1 große Scheibe Melone, 1 Scheibe Vollkorntoast mit 2 Esslöffeln Hüttenkäse
- 25 g ungesüßtes Müsli o. ä., etwas Milch (Tagesmenge beachten), 1 kleine Banane
- 1 Becher Naturjoghurt mit Apfelstückchen und Nüssen
- 2 Scheiben Knäckebrot mit 2 Teelöffeln Erdnussbutter und Tomatenscheiben

- 1 Sandwich aus 2 Scheiben Diät-Brot, Tomaten und 12 g Edamer (gerieben)

Kleine Mahlzeiten (jeweils 200 Kalorien)
In der Schale gebackene Kartoffeln Servieren Sie 125 g gebackene Kartoffeln mit Salat und einer der folgenden Füllungen:
- 25 g Schinkenstreifen oder Hühnerfleisch
- 2 Esslöffel Mais
- 100 g Diät-Krautsalat

Toasts Belegen Sie eine Scheibe Vollkorntoast mit einer der folgenden Varianten und servieren Sie dazu einen großen gemischten Salat:
- 50 g Sardinen (abgetropft)
- 2 Esslöffel Mais
- 1 gegrillte Fischfrikadelle
- 1 gekochtes Ei

Salate Bereiten Sie aus den Zutaten von der Gemüseliste auf Seite 57 einen großen Salat mit einer der folgenden Beilagen:
- 100 g kaltes Hühnerfleisch ohne Haut, 2 Esslöffel Mais, 1 Apfel oder 1 Orange
- 1 Ei in Scheiben geschnitten, 1 knuspriges Vollkornbrötchen
- 100 g gegrillter Fisch, 1 Scheibe Vollkornbrot
- 50 g Corned Beef, 1 mittelgroße Banane

Sandwiches 2 Scheiben Vollkornbrot mit Salat von der Gemüseliste sowie einer der folgende Belagvarianten:
- 2 Teelöffel Hüttenkäse
- 1 kleine Banane, in Scheiben geschnitten
- 50 g Thunfisch im eigenen Saft

Hauptgerichte (350 Kalorien)
Essen Sie als Beilage reichlich Gemüse und Salat von der Liste auf Seite 57.

- 1 Diät-Fertiggericht (Geschmacksrichtung beliebig)

- 125 g mageres Lammkotelett, 215 g Vollkornspaghetti mit Tomaten, 25 g geriebener Diät-Käse, ein paar Weintrauben
- 1 große Scheibe Melone, 25 g Sardinen aus der Dose auf 1 Scheibe Toastbrot, gegrillte Tomaten, Brunnenkresse, 1 Orange
- 125 g gegrillter Hering oder Dosensardinen, 2 kleine gekochte Kartoffeln, 1 Portion Diät-Pudding
- 1 durchgegrilltes Beefsteak, 2 Esslöffel Mais, 125 g in der Schale gebackene Kartoffeln, 100 g Erdbeeren oder Himbeeren
- 100 g gegrillte Leber, leichte Sauce mit 2 Esslöffeln Orangensaft, 2 kleine gekochte Kartoffeln, 2 Esslöffel Mais oder Erbsen, 1 Apfel
- 200 g Hähnchenschenkel ohne Haut, gegrillt oder gebraten, 125 g in der Schale gebackene Kartoffeln mit 1 Esslöffel Hüttenkäse
- 150 gegrillter Weißfisch, 75 g Kartoffelbrei mit fettarmer Milch (Tagesmenge beachten), 2 Esslöffel Mais oder Möhren, 1 Apfel oder 1 Orange

Extras (100 Kalorien) *Eine* Option pro Tag.

- 275 ml Bier
- 1 Glas trockener Wein
- 1 Vollkornkeks
- 2 Scheiben Knäckebrot mit Hüttenkäse und Tomatenscheiben
- 1 große Banane

2. Woche und folgende

Sie dürfen zusätzlich 200 Kalorien in Form von Schokolade (siehe Kalorientabelle ab Seite 162) zu sich nehmen **oder** Desserts und Getränke aus der Rezeptsammlung in Kapitel 10 (Seiten 138–157).

KAPITEL 7

Unsere Erfolgsgeschichten

Die Schokoholic-Diät wurde in Gruppen von tatsächlich schokoladensüchtigen Personen getestet. Unsere Teilnehmer waren so mutig, sich über einen Zeitraum von vier Monaten regelmäßig wiegen, fotografieren und befragen zu lassen. Dank ihrer Bereitschaft war es meinem Team möglich, die sechs Varianten der Diät auszuprobieren und gegebenenfalls Veränderungen an den Diätplänen vorzunehmen.

Wir baten alle Teilnehmer wöchentlich Tagebuch über ihre Nahrungsaufnahme, Schokoladenattacken und Stimmungsschwankungen zu führen. Diese Aufzeichnungen wurden dann bei jedem Treffen ausgewertet. Für Menschen, die abnehmen wollen, ist es sehr empfehlenswert, ein solches Tagebuch zu führen, da sich damit die Tageszeiten, an denen man besonders gefährdet ist, exakt feststellen lassen. Es trägt auch dazu bei zu verstehen, warum man in schwierigen Situation zu Schokolade greift. Unsere Teilnehmer konnten ihre Tagebuchaufzeichnungen anschließend mit mir und Jan Long, einem meiner besten Diätberater, besprechen.

Wenn Sie ein solches Tagebuch führen, dann sollten Sie sich jede Woche Zeit nehmen, um Ihre Notizen in aller Ruhe durchzulesen. Sie können auch eine/n verständnisvolle/n Freund/in bitten, die Aufzeichnungen gemeinsam mit Ihnen durchzugehen. Schauen Sie sich die Auswertungstabelle für Ihr Tagebuch auf Seite 159 genau an – damit werden Sie in der Lage sein, Ihre Probleme zu erkennen.

Die meisten unserer Teilnehmer litten zu Beginn ihrer Diät unter Schluckauf. Wenn man sowohl emotional als auch körperlich abhängig von einem so starken Genussmittel wie Schokolade war, dann ist es nicht ganz einfach, davon loszukommen. Trotzdem haben es alle Teilnehmer geschafft, die Essanfälle zu überwinden und abzunehmen. Die hier vorgestellten sechs Freiwilligen sind mittlerweile in der Lage, Schokolade in vernünftigen Mengen zu essen, ohne über die Stränge zu schlagen.

Alle Teilnehmer erlebten einen Wendepunkt, von dem an sie sich plötzlich stärker fühlten und ihren Körper und Geist mehr unter Kontrolle hatten. Das hing damit zusammen, dass sie sich im Rahmen ihrer Diät sehr gesund ernährten. Sobald man sich wohler fühlt und den Vorteil gesunder und regelmäßiger Mahlzeiten erkennt, ist man schon auf dem Weg zu einer dauerhaften Gewichtsreduktion.

Anzumerken wäre noch, dass unsere Teilnehmer Probleme hatten, wenn sie weniger aßen oder tranken, als die in ihrem Diätplan angegebenen Mengen. Es ist wirklich wichtig ausreichend zu essen – wenn Sie sich daran nicht halten, werden Sie ebenfalls Schwierigkeiten haben. Zu wenig zu essen ist kontraproduktiv: man nimmt dabei zwar schneller ab, kann diese Diät jedoch nicht lange durchhalten und kehrt danach fast automatisch zum alten Suchtverhalten zurück. Und selbst wenn es dazu nicht kommt, schaltet Ihr Körper auf „Sparflamme“ um, wenn Sie ihm zu wenig Kalorien zuführen. Wenn Sie dann wieder etwas essen, werden Sie am Ende mehr wiegen als vorher. Glauben Sie mir!

Name: **Wendi Cook**
Alter: 25 *Körpergröße:* 1,63 m
Beruf: Hausfrau und Mutter *Wohnort:* Strood (Grafschaft Kent)

Anfangsgewicht: **92 kg** *Gewicht nach 20 Wochen:* **83 kg**
Gewicht nach 28 Wochen: **79 kg** *Diätplan:* Frustesser

Die hübsche Wendi hat zwei Kinder im Alter von 6 und 4 Jahren. Ihr Mann ist beruflich viel unterwegs. Ihre Schokoladensucht begann als „Trost", um die Einsamkeit zu kompensieren, wenn sie allein war. „Ich habe sechs Schokoriegel am Tag gegessen, zusätzlich zu anderen Nahrungsmitteln, die ebenfalls Schokolade enthielten. Waffeln mit Schokoladenüberzug hatte ich in meiner Küche immer griffbereit."

Wendi bewahrte ihre Schokoladenvorräte an einem ungewöhnlichen Ort auf: im Spielzeugschrank ihrer Kinder. „Ich versteckte Mini-Riegel Mars und Snickers zwischen den Puppen und Spielzeugautos. Wenn die Kinder an den Spielzeugschrank gingen, setzte ich mich dazu. Ich schaute ihnen beim Spielen zu und aß dabei Schokolade."

„Beim Einkaufen habe ich mir immer etwas Süßes genehmigt, obwohl es vollkommen unsinnig war, so viel Geld für Schokolade auszugeben. Außerdem ruinierte ich mir damit meine Figur immer mehr. Ich erkannte, dass ich etwas gegen diese Gewohnheiten unternehmen musste."

Als Wendi in unsere Gruppe kam, fühlte sie sich müde und ausgebrannt. „Ich hatte die Nase voll davon, immer nur viel zu weite Sachen zu tragen und ständig außer Atem zu sein. Mir war klar, dass ich mindestens 5 Kilo abspecken musste, aber ich hatte keine Vorstellung, was ich gegen meine Schokoladensucht tun konnte."

Die erste Woche war ermutigend – Wendi nahm 1,5 kg ab. Nachfolgend finden Sie ihre Tagebuchaufzeichnungen aus den ersten Tagen dieser Woche:

Montag

Frühstück 25 g Müsli, Milch, Apfel, 2 Scheiben Knäckebrot mit etwas fettarmem Aufstrich. Kommentar: „Das ist viel mehr, als ich normalerweise esse. Es ist schwer Zeit zu finden, um zusammen mit den Kindern in Ruhe zu essen. Aber danach war ich satt und hatte keinen Appetit auf Schokolade."

Kleine Mahlzeit Schinkensandwich mit einer großen Portion Salat. Kommentar: „Ich bin nicht besonders versessen auf Salat, aber dieser war frisch und der Sandwich schmeckte gut."

Hauptmahlzeit Gegrillte Leber, Champignons, grüne Bohnen, in der Schale gebackene Kartoffel. Kommentar: „Das tat sehr gut. Ich war mit den Kindern zusammen und ihnen hat es auch geschmeckt."

Extras 1 Banane, Knäckebrote mit Hüttenkäse. Kommentar: „Heute war es eine echte Herausforderung nicht in die gewohnten Geschäfte zu gehen, um dort Schokolade zu kaufen. Ich genoss das Gefühl, mich im Griff zu haben. Aber wie lange wird es anhalten? Erwartungsgemäß war es am Abend am schwersten, deshalb hob ich mir die Snacks bis dahin auf. Warum gibt es im Fernsehen so viel Schokoladenwerbung?"

Dienstag

Frühstück 1 Ei, 1 Scheibe Toast. Kommentar: „Ich hätte fast das Ei weggelassen, nahm mir dann aber doch Zeit dafür. Ob ich mich jemals an diese Art von Frühstück gewöhnen werde?"

Mittag Hähnchensandwich mit Salat. Kommentar: „Dieses Essen kann ich nicht mehr ertragen, morgen gibt es etwas anderes. Es macht Spaß, mich selbst davon abzuhalten Schokolade zu essen. Habe als Ersatz ein paar Gymnastikübungen gemacht!"

Abend Pasta mit Garnelen und Tomaten, 1 Apfel. „Ich würde gern noch etwas essen – zum Glück habe ich ja noch die Snacks. Insgesamt läuft es gut, finde ich. Bin gespannt, was die Waage am Ende der Woche anzeigen wird. Ich werde jedenfalls nicht der Versuchung erliegen, mein Gewicht vorher zu kontrollieren."

Extras Diät-Brot mit Salat, 1 Banane. Kommentar: „Habe außerdem ein Glas Martini getrunken, werde das jedoch in Zukunft sein lassen. Klappt sehr gut."

Wendi hätte in der ersten Woche vermutlich etwas mehr abnehmen können. Da sie jedoch entgegen unseren Hinweisen nicht ausreichend gefrühstückt hatte, fand sie sich am Abend mit Bratkartoffeln wieder! In der zweiten Woche gelang es ihr jedoch Schokolade zu essen, ohne dabei über die Stränge zu schlagen:

„Ich begann mit Jaffa Cakes, die jeweils nur 45 Kalorien enthalten. Ich konnte mir davon also vier Stück pro Tag leisten", berichtet sie. „Ich hatte das Gefühl, dass es noch zu früh sei, es mit dem Kauf von Schokoriegeln zu versuchen. Ich folgte der Empfehlung und hob mir die Jaffa Cakes jeden Tag so lange auf, bis ich sie richtig genießen konnte. Ich kochte mir dann eine Tasse Tee oder Kaffee und setzte mich damit ins Wohnzimmer. Dazu aß ich ein einziges von den Jaffa Cakes und habe dabei die Orangenfüllung in der Mitte so richtig genossen. Vorher hatte ich meine Süßigkeiten meist in der Küche verdrückt und manchmal eine ganze Packung Schokokekse in mich hinein gestopft."

Hier finden Sie Auszüge aus Wendis neueren Tagebuchaufzeichnungen:

Samstag

Frühstück Toast, Tomaten, Käse. „Ich fühle mich wunderbar

und habe keinen Appetit auf Schokolade. Bis zum nächsten Wiegen will ich 86 kg erreichen – ich glaube, ich kann es schaffen."

Mittag In der Schale gebackene Kartoffel mit Baked Beans und einen großen Salat. „Wir waren zusammen einkaufen und ich hatte etwas Obst für mich dabei. Ich kaufte Schokoriegel für die Kinder und wollte selbst keinen. Habe mir stattdessen eine neue Bluse gekauft."

Abend Quiche, Salat, in der Schale gebackene Kartoffel. „Ich wandle die Diät so ab, dass sie zu mir passt, allerdings muss ich mit Quiches vorsichtig sein – sie enthalten manchmal mehr Kalorien, als man sich vorstellen kann. Ich hatte noch Schokolade im Wert von 200 Kalorien in meiner Dose, konnte aber nur einen Miniriegel Mars essen. Den Rest habe ich wieder hineingetan – ich hatte einfach keinen Appetit."

Extras Gespritzter Weißwein (Wein mit Mineralwasser), Knäckebrote mit Hüttenkäse. „Ich habe endlich meinen Mars-Riegel gegessen, ganz langsam. Dazu trank ich den Weißwein und sah fern. Er schmeckte unerhört und geradezu luxuriös!"

Sonntag

Frühstück Müsli, Milch, Apfel, Knäckebrot. „Sonntags ist es normalerweise besonders schlimm, deshalb habe ich mir für heute viel Arbeit vorgenommen."

Mittag Hähnchenpfanne, viel Gemüse, Kartoffelbrei. „Ich habe noch etwas von meiner gestrigen Schokoladenration übrig, würde aber nach dem Mittagessen lieber etwas Obst essen. Ich bin auf dem richtigen Weg!"

Abend Großer Salat, Hüttenkäse, Mais. „Jetzt würde ich gern etwas Schokolade essen, aber ich hebe sie mir für später auf. Vielleicht trinke ich im Bett eine Tasse heiße Schokolade. Habe die gestern gekaufte Bluse anprobiert. Sie steht mir gut!"

Wie sie auf den Fotos sehen können, sieht Wendi jetzt sehr gut aus. Sie hält nach wie vor Diät und hat sich vorgenommen, ihr Wunschgewicht von 68 kg bis zum Sommer zu erreichen. Danach wird sie zu unserem Erhaltungsplan übergehen.

„Am schwierigsten war es, meinem Mann klar zu machen, dass ich trotzdem Schokolade essen darf. Wenn er mich naschen sieht, macht er sich ständig lustig über mich. Aber er wird es schon noch begreifen!"

Name: **Josie Kirby**
Alter: 36 *Körpergröße:* 1,63 m
Beruf: Büroangestellte *Wohnort:* London
Anfangsgewicht: **67 kg** *Gewicht nach 20 Wochen:* **61 kg**
Gewicht nach 28 Wochen: **59 kg** *Diätplan:* Heimlicher Schokoholic

Josie war sehr müde und abgespannt, als sie in unsere Schokoholics-Gruppe in Bexleyheath (Grafschaft Kent) kam. Sie ist berufstätig, Mutter von zwei Kindern im Teenager-Alter, geschieden und lebt mit ihrem Freund zusammen. Die beiden wollen noch in diesem Jahr heiraten.

Josie erzählt, dass sie heimlich Schokolade aß, weil sie mit dem Alltagsstress nicht zurecht gekommen sei. „Ich bin wahrscheinlich eine von diesen Frauen, die allen ihr Bestes geben wollen. Aber wir sollten endlich erkennen, dass das einfach nicht möglich ist!"

Sie kaufte ihre Schokolade immer auf dem Weg zur Arbeit oder auf dem Heimweg, packte sie in ihre Einkaufstasche und aß sie dann zu Hause, im Bad oder Schlafzimmer. „Meine Essanfälle traten meistens dann auf, wenn es zu Hause Spannungen gab. Zwar war mir klar, dass alle Teenager dieser Welt unordentlich sind. Aber wenn man nach einem anstrengenden Arbeitstag erschöpft nach Hause kommt und die Wohnung im Chaos vorfindet, dann hakt es eben manchmal einfach aus. Ich bin nicht anders als andere Mütter, aber ich habe das Problem völlig falsch angepackt. Statt die Dinge ganz sachlich mit der Familie zu besprechen, habe ich mich selbst bestraft."

Wir empfahlen Josie, sich öfter etwas Gutes zu tun. Wir schlugen ihr vor, einmal in der Woche zu einem Fitness-Kurs zu gehen, da sportliche Betätigung ein gutes Ventil ist, um Stress abzubauen und außerdem dazu beiträgt, Kohlenhydrat-Attacken zu reduzieren. Außerdem hatte Josie Gelegenheit, über ihre familiären Probleme zu reden (und sich auch ein wenig zu beklagen), was ihr sehr gut tat. Denken Sie daran, genau wie Josie sind Sie nicht allein! (Wenn Sie etwas bedrückt und Sie niemanden finden, der ihnen zuhört, schreiben Sie mir. Die Adresse steht auf Seite 170. Es ist immer noch besser zu schimpfen, als sich Essanfällen hinzugeben!)

Josie begann ihre Diät mit einem sehr guten Gefühl. Hier finden Sie einige Auszüge aus ihren ersten Aufzeichnungen:

Freitag

Frühstück Müsli, Milch, Bananenstückchen. Kommentar: „Ich nahm mir Zeit etwas Obst und einen Hüttenkäse-Sandwich einzupacken. Fühle mich wohl."

Mittag Hüttenkäse-Sandwich, Salat. Kommentar: „Habe beides nach meinem Aerobic-Kurs gegessen. Die Übungen heute haben Spaß gemacht. Am Nachmittag überkam es mich jedoch, und ich begann mir all die Schokoladensorten vorzustellen, die ich sonst immer gegessen habe. Schnell etwas Obst gegessen."

Früher Abend Diät-Suppe, Vollkornbrot, 1 Becher Joghurt. Kommentar: „Mir wurde plötzlich bewusst, dass ich keine Schokolade essen durfte. Deshalb ging ich in die Küche und machte mir diesen Snack, der in meinem Diätplan vorgesehen ist. Sehr sättigend!"

Abend Melone, Toast mit Sardinen, Salat, gegrillte Tomaten, 1 Orange. Kommentar: „So weit, so gut. Alles läuft prima und ich bin weder gereizt noch müde."

Extras Knäckebrot mit Hüttenkäse, noch eine Tasse Suppe vor dem Schlafengehen. Kommentar: „Ich kann mir nicht vorstellen, dass ich das schaffe. Die Süßigkeiten sind mir den ganzen Abend nicht aus dem Kopf gegangen. Ich konnte in meiner Phantasie regelrecht sehen, wie sie im Süßwarenladen auf mich warten!"

Samstag

Frühstück Müsli mit Milch. Kommentar: „Keine Zeit für mehr, ich muss gleich los zum Einkaufen und danach weiter ins Schwimmbad. Helfe dort meiner Schwester bei den Vorbereitungen für die Geburtstagsparty ihrer Kinder."

Mittag Salatsandwich. Kommentar: „Bin in Eile, hätte mehr essen sollen. Hatte vergessen, mir etwas Geeignetes mitzunehmen, fühlte mich am Nachmittag schlapp vor Hunger. Das Stück Geburtstagstorte schmeckte mir nicht so gut, wie ich erwartet hatte."

Abend Eierbrötchen, noch ein Hüttenkäse-Salat-Sandwich und 4 Gläser Wodka. Kommentar: „Hilfe! Hoffentlich werde ich nicht vom Schokoholic zur Alkoholikerin. Ich werde mich bemühen, morgen vernünftig zu essen."

Josie hat den klassischen Fehler gemacht, gerade dann zu wenig zu essen, als sie es am meisten brauchte – und zwar an dem Tag, als sie ihrer Schwester bei der Kindergeburtstagsfeier half. Aus dieser Erfahrung hat sie jedoch gelernt. Hier einige Auszüge aus ihren späteren Notizen:

Montag
Frühstück Müsli, Apfelstückchen, Milch. Kommentar: „Für diese Woche habe ich mir vorgenommen, konsequent zu sein. Seit ich regelmäßig zu meinem Aerobic-Kurs gehe, fühle ich mich viel besser. Meine Mutter hatte am Wochenende zwei Torten gebacken, eine mit Früchten und die andere mit Schokolade. Habe von beiden probiert und das Stück Schokoladentorte nicht so hinunter geschlungen, wie ich es vor der Diät getan hätte."

Mittag Thunfisch-Salat-Sandwich, Banane. „Ich werde darauf achten, zwischen den Mahlzeiten nicht zu viel Zeit vergehen zu lassen und nehme mir vor, heute Abend einen Spaziergang zu machen."

Früher Abend 1 Scheibe Toast mit Tomaten und geriebenem Edamer. „Ich aß diesen Snack, während ich das Abendessen für die Familie vorbereitete. Lecker."

Abend 140 g Lammkotelett, leichte Sauce, 85 g Kartoffelbrei mit Milch, ein Glas trockener Wein. Kommentar: „Ich habe das Gefühl, heute sehr viel gegessen zu haben. Ich habe für den Abend noch 150 Kalorien in Form von Schokolade übrig, bin mir aber nicht sicher, ob ich sie brauchen werde … ich entscheide später. Jeans Größe 38 anprobiert. Sie passen – hurra!"

Dienstag

Frühstück Müsli, Banane. Kommentar: „Ich bin immer noch ganz glücklich wegen der Jeans. Meine Oberschenkel sehen viel schlanker aus. Auch anderen ist das schon aufgefallen."

Mittag Brötchen mit Hüttenkäse, Obst. Kommentar: „Es macht mir Spaß, mein Mittagessen mit in den Park zu nehmen. Es tut gut, an der frischen Luft zu sein, weg von all dem Stress."

Früher Abend Selbstgekochte Gemüsesuppe mit Vollkorncroutons. Kommentar: „Habe heute Unterwäsche gekauft. Probierte die Slips Größe 38 – 40 an und stellte fest, dass sie zu groß sind. Es sieht wirklich gut aus."

Abend Diät-Fertiggericht mit reichlich Gemüse, 1 Banane. „Die Familienatmosphäre ist gut, ich freue mich auf unsere Reise nach Irland. Wie werde ich mit dem vielen Essen klarkommen?"

Tatsächlich ist Josie im Urlaub sehr gut zurecht gekommen. „Meine Geschmacksnerven hatten sich scheinbar auf frischere Lebensmittel wie Obst, Salate und Gemüse eingestellt, jedenfalls fand ich die gehaltvolleren irischen Speisen nicht besonders verlockend. Zu meinem Erstaunen habe ich überhaupt nicht zugenommen, obwohl Weihnachten in der Mitte meines Urlaubs lag – mit all seinen Schokoladen-Versuchungen."

Am schwierigsten wurde es für Josie, als sie ins Schöffenamt berufen wurde. „Ich kann alle Schokoholics nur warnen.

Während man stundenlang auf den Beginn des Prozesses warten muss, bekommt man manchmal aus lauter Frust Appetit auf Schokolade. Die ganze Sache ist oft mit so viel Leerlauf verbunden, dass man fast verrückt wird. Eigentlich will man seine Pflicht tun, muss sich aber in ein System fügen, das nichts für ungeduldige Menschen ist."

„Außerdem ist die Arbeit sehr anstrengend und die Fälle sind oft erschütternd."

Josie sorgte vor, indem sie sich etwas zu essen mitnahm, reichlich Lesestoff und einen Walkman mit Radio und Kopfhörern, so konnte sie sich zwischen den Prozessauftritten mit Musik ablenken.

Josie hat jetzt ihr Wunschgewicht erreicht und sieht großartig aus. Sie ist davon überzeugt, dass die Zeit ihrer Schokoladenanfälle definitiv vorbei ist.

Name: **David Herron**
Alter: 38 *Körpergröße:* 1,79 m
Beruf: Leitender Angestellter eines Luftfrachtunternehmens
Wohnort: Welling (Grafschaft Kent)
Anfangsgewicht: **103 kg** *Gewicht nach 20 Wochen:* **94 kg**
Gewicht nach 28 Wochen: **90 kg** *Diätplan:* Frustesser

Dave Herron ist verheiratet und hat ein Kind. Seine Frau arbeitet als Hebamme und kocht wundervoll! Daves Schokoladensucht wurde allerdings nicht durch seine Mahlzeiten zu Hause, sondern eher durch die Art seiner Arbeit und die örtliche Lage seines Büros ausgelöst.

Er berichtet: „Mein Büro ist sehr praktisch für Frustesser – in der unmittelbaren Umgebung gibt es unzählige Fast-Food-Ketten, Süßwarenläden und Restaurants. Sogar ein Snack-Automat befindet sich neben meinem Büro an der Wand."

Dave hat den ganzen Tag mit Kunden zu tun und manche

von ihnen sind nicht ganz einfach. Deshalb hat er sich oft allzu leicht eine schnelle „Dosis“ Schokolade genehmigt, wenn es einmal schwierig wurde. Als er in unsere Chocoholics-Gruppe kam, nahm er pro Tag ca. 4500 Kalorien zu sich – einen Großteil davon in Form von Schokolade. Seine Lieblingssorten waren Mars, Trauben-Nuss-Schokolade, Schokolate Chips und die hervorragende Schokoladentorte seiner Frau.

Hier sehen Sie einen „Tagesablauf“, wie er für Dave typisch war, bevor er mit der Schokoholic-Diät begann:

Frühstück Müsli oder 1–4 Scheiben Toast mit Marmelade
Snack (manchmal auf dem Weg zur Arbeit) 1 Tafel Schokolade, Pfannkuchen
Mittag 2 oder 3 Brötchen mit Butter und Wurst, Schokoriegel
Nachmittag 2 oder 3 Schokoriegel
Nach der Arbeit 2–3 große Bier und ein Hamburger
Abend Reichhaltiges warmes Abendessen, danach Pudding und wieder Schokolade

Kein Wunder also, dass Dave rasant zunahm. Er erzählt: „Eines Tages schaute ich in den Spiegel und beschloss, dass es an der Zeit sei aufzuhören. Aber ich hatte keine Ahnung, wie ich die Fast-Food-Fallen umgehen und meine Schokoladensucht unter Kontrolle bekommen konnte.“

Wir empfahlen Dave, morgens ausreichend zu frühstücken und sich für mittags etwas mit auf Arbeit zu nehmen, zumindest bis er seine Ernährungsgewohnheiten in den Griff bekäme. Er nahm die Diät mit ungeheurem Enthusiasmus in Angriff und trat jeden Abend vor dem Fernseher kräftig in die Pedale seines Heimtrainers, um zusätzliche Kalorien zu verbrennen.

In der ersten Woche nahm er bereits knapp 4 kg ab! Anschließend blieb sein Gewicht eine Woche lang unverändert. „Darüber habe ich mich sehr geärgert, bis mir einfiel, dass ich am Sonntag ziemlich unvernünftig gewesen war. Meine Frau war den ganzen Tag im Krankenhaus, und ich hatte für meine Tochter und mich gekocht. Offen gestanden hatte ich zwischen den Mahlzeiten kräftig zugelangt – vielleicht deshalb, weil ich mir selbst ein wenig leid tat. Ich hatte mich die Woche über so sehr angestrengt, meine Schokoladensucht im Zaum zu halten, dass ich mich an diesem Tag einfach gehen ließ."

Nach und nach lernte Dave seine Nahrungsaufnahme zu überwachen und sich gelegentlich etwas Schokolade oder Fast Food zu gestatten. Er kann mittlerweile den Kaloriengehalt seiner täglichen Mahlzeiten, Snacks und Getränke grob ermitteln und sorgt dafür, dass seine Energieaufnahme sich über ein paar Tage bei 1750 – 2000 Kalorien pro Tag einpendelt. Das ist genau die richtige Menge für ihn.

Er setzt sich mit seinen Problemen auseinander, sobald sie auftreten und strampelt sich den Stress des Tages auf dem Heimtrainer vom Leib. Er fühlt sich jünger, besser in Form und ist überzeugt davon, dass er nie wieder zu seinen früheren Essgewohnheiten zurückkehren wird.

Hier finden sie Aufzeichnungen aus seinem Ernährungstagebuch über zwei typische Tage seines „neuen Lebens" mit Kommentaren dazu:

Freitag
Frühstück 3 Weetabix, fettarme Milch, Kaffee
10.30 Diät-Fruchtschnitte *11.30* Diät-Schokoriegel
Kommentar: „Ich frühstücke jetzt immer reichlich und esse faserstoffreiche Kost. Wenn ich Zeit dazu habe, gibt es etwas Warmes, aber 3 Weetabix (die keinerlei Zucker enthalten) sind ein ebenso sättigender Start in den Tag. Die Diät-Riegel sind prima. Da sie relativ wenig Kalorien enthalten, kann ich pro Tag zwei davon essen."

Mittag 1 knuspriges Brötchen mit einem kalten, fettarmen Würstchen, dazu eine große Schüssel Salat aus viel rohem Gemüse mit etwas fettarmer Mayonnaise. Kommentar: „Ich habe den Eindruck, dass diese Art von Mittagessen viel sättigender ist als ein Hamburger. Mir knurrt danach am Nachmittag jedenfalls nicht mehr der Magen."

Nach der Arbeit 1,5 l Bier. „Ich betrachte das Bier jetzt als Nahrungsmittel, nicht mehr nur als Getränk. Mir war vorher nicht bewusst, dass man wegen der darin enthaltenen Kalorien zunimmt. Ich dachte immer, die Flüssigkeit wäre für den Bierbauch verantwortlich!"

Abend 1 mittelgroße Pizza mit Peperoni und Schinken. „Das ist zwar ein ziemlich kalorienreicher Snack, aber als Hauptgericht für einen Mann von meiner Körpergröße durchaus akzeptabel. Heute würde ich nicht mehr auf die Idee kommen, nach der Pizza noch eine komplette Mahlzeit zu essen."

Samstag

Brunch 1 Vollkornbrötchen mit 25 g Schinken und fettarmem Streichkäse, ein großes Glas Tomatensaft. „Wenn man samstags gern ausschläft, ist es sinnvoll, spät zu frühstücken. Ich war immer noch satt von der Pizza gestern Abend!"

Nachmittag Diätsuppe, Knäckebrot, Diät-Fertiggericht, große Portion Gemüse, 1 Apfel, Diät-Limonade. „Das war sehr gesund, sättigend und dazu noch schnell zuzubereiten. Ich hatte danach das Bedürfnis nach einem Spaziergang, statt in den Sessel zu fallen!"

Abend 1½ Dosen Bier

Nacht-Snack Noch etwas Suppe, knuspriges Brötchen, Banane. „Ich habe heute überhaupt nicht an Schokolade denken müssen und deshalb meine Schokoladenration für morgen aufgespart. Aber vielleicht habe ich auch dann keinen Appetit darauf, wer weiß?"

Die nächste große Herausforderung für Dave wird im Urlaub sein oder wenn er sich aus seiner gewohnten Umgebung entfernt. Auf Arbeit und zu Hause hat er zumindest seine Probleme im Griff. Zum Glück sieht er in seinen eng anliegenden T-Shirts so gut aus, dass ihn hoffentlich seine Eitelkeit davon abhält schwach zu werden. Schauen Sie sich seine „Vorher-/Nachher-Bilder" an.

Name: **Christine Ryan**
Alter: 25 *Körpergröße:* 1,58 m
Beruf: Kundendienst-Mitarbeiterin *Wohnort:* Welling (Grafschaft Kent)
Anfangsgewicht: **83 kg** *Gewicht nach 20 Wochen:* **76 kg**
Gewicht nach 28 Wochen: **73 kg** *Diätplan:* Prämenstruations-Schokoholic und Frustesser

Als Christine mit der Schokoholic-Diät begann, war ihr Kind gerade ein Jahr alt. Zu Beginn der Schwangerschaft wog sie 64 kg, und während der neun Monate nahm sie so viel zu, dass sie 92 kg auf die Waage brachte. Danach gelang es ihr nicht, ihr Gewicht auf unter 83 kg zu senken, obwohl sie verzweifelt versucht hatte abzunehmen. Sie befürchtete nun, dass sie niemals zu ihrer „alten" Figur zurückkehren würde, die sie vor der Schwangerschaft hatte.

„Meine Schokoladensucht war besonders schlimm als ich schwanger war. Ich stopfte Tag und Nacht Schokolade in mich hinein. Leider war ich damals überzeugt davon, dass es in Ordnung sei, so viel zu essen, wenn ich nur anschließend eine Diät machen würde. Ich habe dem Frauenarzt im Krankenhaus nie von diesem Problem erzählt, und er hielt mich auch nicht dazu an abzunehmen. Ich dachte also, alles sei in bester Ordnung und war froh, dass es keine Komplikationen gab."

Christine stillte ihr Baby sechs Wochen lang. Während dieser Zeit gelang es ihr sogar, reichlich 3 kg abzunehmen. Danach stieg ihr Gewicht allerdings wieder an. Ihre schlimmsten Schokoladen-Orgien hatten offensichtlich hormonelle Ursachen – in der Woche vor der Monatsblutung aß sie deutlich mehr als sonst.

„Mein Mann ist normalerweise an drei Abenden pro Woche nicht zu Hause. An solchen Tagen aß ich vor dem Fernseher meist ein bis zwei Tafeln Schokolade. Außerdem hatte ich immer eine Tüte Mini-Riegel vorrätig, von denen ich immer dann einen aß, wenn ich etwas für das Baby aus dem Kühlschrank holte."

Sie kaufte ihre Süßigkeiten meist im Supermarkt und redete sich ein, sie wären für ihren Mann bestimmt, der keinerlei Gewichtsprobleme hat. „Nach der Geburt meines Sohnes habe ich ernsthaft versucht abzunehmen, aber ich habe mir die ganze Zeit etwas vorgemacht", gesteht sie. „Mein Mann ist schlank, hat einen anstrengenden Job und er isst ebenfalls gern Süßigkeiten. Der Unterschied ist nur, dass er die vielen Kalorien verbrennt, was bei mir eben nicht der Fall ist. Ich legte immer die ganze Tüte in den Kühlschrank und war fest davon überzeugt, dass alles für ihn sei. Am Ende aß ich sie dann doch Stück für Stück selbst leer."

Durch ihre verrückt spielenden Hormone wurde Christine auf ein Problem aufmerksam, dem alle Schokoholics ausgesetzt sind: Süßigkeiten sind überall! „In Drogerien stehen Sie gleich neben der Kasse; im Kino muss man an ihnen vorbei, um eine Eintrittskarte zu kaufen und selbst im Schwimmbad kommt man nicht umhin, mit den Kindern die Snack-Automaten zu passieren. Ich habe alles versucht, um Begegnungen dieser Art zu vermeiden, aber es war, als würde mich eine unsichtbare Kraft magisch zu diesen Auslagen hinziehen."

Als Christine in unsere Schokoholics-Gruppe kam, war sie fest entschlossen. Sie bekam von uns zwei Diätpläne: den mit fünf Mahlzeiten am Tag für Prämenstruations-Schokoholics für die eine, besonders schwierige Woche in ihrem Monatszyklus und den Frustesser-Diätplan für den Rest des Monats.

Ihr Mann verzichtete freundlicherweise darauf in ihrer Gegenwart Süßes zu essen und ermutigte sie die ganze Zeit über sehr. Der Beginn ihrer Diät war sehr erfolgreich – sie nahm in der ersten Woche 2,5 kg ab. Lesen Sie, was sie am ersten Tag in ihrem Ernährungstagebuch notierte:

Montag

Frühstück ½ Grapefruit, Müsli, Banane, Milch. „Ich bin fest entschlossen, mit Hilfe dieser Diät abzunehmen. Das klingt wieder wie einer dieser üblichen Vorsätze am Montagmorgen. Werde ich es schaffen?"

Snack 2 dünne Scheiben Vollkornbrot mit Salat und Hüttenkäse. „Angenehm und wohlschmeckend – so weit, so gut!"

Mittag Großer gemischter Salat, 85 g Hühnerfleisch, 2 Esslöffel Mais, 1 Apfel. „Ich habe das Gefühl, den ganzen Tag gegessen zu haben. Das gefällt mir. Bislang noch keine Schokoladenattacken."

Snack 115 g Feigen aus der Dose, mit 1 Esslöffel ungesüßtem Müsli und einem Becher Naturjoghurt. „Schmeckte sehr gut."

Abend Diät-Fertiggericht mit Kabeljau, Brokkoli, grüne Bohnen, Weintrauben. „Im Laufe des Abends war es schwer nicht doch nach etwas Süßem zu greifen. Vielleicht sollte ich morgen einen der Snacks etwas später essen. Aber ich habe ja noch einen Becher Quark und einen Keks für später, also alles halb so schlimm."

Nach ihrem guten Start bekam Christine um Weihnachten herum, als sie besonders viel zu tun hatte, plötzlich Schluckauf. „Ich nahm wieder ein paar Pfund zu. Das lag vor allem daran, dass ich keine Zeit hatte, ausreichend zu essen ... und dann bekam ich wieder das Bedürfnis nach Schokolade", berichtet sie.

Sie kehrte im Januar mit neuer Entschlossenheit zu ihrer Diät zurück. Als wir ihr Tagebuch durchgingen, stellten wir jedoch fest, dass sie nicht genug gegessen hatte. Hier ein Auszug:

Montag
Frühstück 2 Scheiben Toast. „Für mehr war keine Zeit."

Mittag Hühnerfleisch, Salat. „Ich habe immer noch Hunger und außerdem Appetit auf einen Schokoriegel."

Abend Lachssteak, große Portion grünes Gemüse, kleine Kartoffel.

Snack 1 Glas Wein. „Habe der Schokoladenlust nicht nachgegeben ... sehr gut!"

Es ist nicht überraschend, dass Christine am Ende der Woche der Lust auf einen Schokoriegel *doch* nachgegeben hatte. Und nicht nur das, sie hatte sich zusätzlich noch einiges mehr genehmigt ... Beim Durchlesen ihres Tagebuches erkannte sie, dass sie zu wenig gegessen und vor allem nicht ausreichend gefrühstückt hatte. Schokoholics brauchen vor allem am Morgen eiweißreiche Nahrung, zum Beispiel ein Frühstücksei, Hüttenkäse oder Joghurt. Mittlerweile achtet sie darauf, regelmäßig und vernünftig zu essen. Jetzt geht es aufwärts. Beim letzten Wiegen hatte Christine 10 kg abgenommen und fühlte sich großartig.

Name: **Janice Spencer**
Alter: 32 *Körpergröße:* 1,58 m
Beruf: Gemeinde-Hebamme *Wohnort:* Welling (Grafschaft Kent)
Anfangsgewicht: **67 kg** *Gewicht nach 20 Wochen:* **62 kg**
Gewicht nach 28 Wochen: **59 kg** *Diätplan:* Frustesser

Janice ist eine Frau mit viel Verantwortung. Sie hat zwei kleine Kinder, 5 und 18 Monate alt und arbeitet außerdem als Gemeinde-Hebamme. Sie kommt aus einer Familie, in der gern Süßes gegessen wird: ihre Mutter Lynne ist Weltmeisterin im Naschen!

„Ich begann schon als Teenager zuzunehmen. Als ich die Schule beendete wog ich ca. 64 kg", erzählt sie. „Als Schwesternschülerin fiel es mir sehr schwer, regelmäßig zu essen. Obwohl wir lernten, wie man sich gesund ernährt, aßen wir danach trotzdem Schokoriegel als Energiespender."

„Ich gewöhnte mir an, im Nachdienst Schokolade zu essen. Man bekommt als Krankenschwester ständig Süßigkeiten geschenkt, was das Leben für Schokoholics natürlich nicht unbedingt leichter macht. Das erste, was einem ins Auge fällt, wenn man ins Büro kommt, ist eine ungeöffnete Schachtel Pralinen auf dem Schreibtisch. Noch schlimmer ist es, wenn sie schon offen ist, denn dann ist die Hemmschwelle hineinzugreifen noch viel geringer."

Krankenschwestern sind klassische „Frustesser". Sie greifen zu Schokolade, wenn sie müde, überarbeitet oder gestresst sind – und das ist meistens der Fall! Kein Wunder also, dass so viele von ihnen unter Essstörungen leiden. Ironischerweise müssten doch aber gerade sie am besten wissen, wie gefährlich es ist, komplette Mahlzeiten durch Schokolade zu ersetzen. Aber durch den Druck, dem sie in ihrem Beruf ausgesetzt sind, sind sie besonders empfänglich für Schokoladen-Anfälle!

Als Janice zu unserer Gruppe stieß, wog sie 67 kg und sah die gefürchtete 70-kg-Grenze bereits bedrohlich näher rücken: „Ich hatte in meinem Leben noch nie 70 kg gewogen", sagt sie „Aber ich sah es schon kommen!"

Wir ordneten sie in das Frustesser-Programm ein und gaben ihr strikte Anweisungen, sich selbst mit genau so viel Aufmerksamkeit und Fürsorge zu bedenken wie andere. Zu ihren beruflichen Aufgaben gehört es, Mütter vom Beginn ihrer Schwangerschaft bis mehrere Monate nach der Geburt ihres Kindes zu betreuen. Fürsorge ist also ihr Beruf.

Hier ein Auszug aus ihren Aufzeichnungen von der dritten Diätwoche:

Dienstag

Frühstück 25 g ungesüßtes Müsli, Milch, 1 Apfel, 2 Scheiben Knäckebrot mit etwas fettarmem Aufstrich. „Bisher habe ich fast 2 kg abgenommen und bin sehr zufrieden damit. Ich muss weiter konsequent sein. Ich darf jetzt auch etwas Schokolade essen und werde sie mir bis zum Feierabend aufheben."

Mittag Sandwich aus Vollkornbrot, Salat, Thunfisch, Zitronensaft. „Sehr sättigend. Nach dem Dienst treffe ich mich mit meiner Mutter. Sie will unbedingt zu Woolworth, Süßigkeiten kaufen. Werde ich stark genug sein und bei meiner erlaubten Ration von 200 Kalorien pro Tag bleiben?"

Snack 1 kleine Banane. „Ich bin sehr zufrieden mit mir, dass ich es geschafft habe, nur einen kleinen Riegel Kit Kat zu kaufen und allen anderen Verlockungen zu widerstehen. Werde ihn später essen, nach den Hausbesuchen."

Abend Hähnchenpfanne, Kartoffelbrei, Quarkdessert. „Heute hatte ich keine Probleme. Meinen Kit-Kat-Riegel habe ich mir um 17 Uhr genehmigt und kann immer noch ein Glas gespritzten Weißwein trinken und etwas Obst dazu essen, wenn ich will. Fühle mich sehr gut."

Janice konnte problemlos ihre Schokoladenration auf 150 Kalorien pro Tag reduzieren und hat mittlerweile fast ihr Wunschgewicht erreicht. Sie berichtet: „Am schwersten war es für mich, die Disziplin aufzubringen, an meine eigenen Mahlzeiten zu denken und regelmäßig zu essen".

„Die meisten berufstätigen Mütter sind so eingespannt, dass ihre eigenen Bedürfnisse erst ganz zum Ende kommen. Glauben Sie mir, es ist wirklich sinnvoll, regelmäßig zu essen. Man fühlt sich um Längen besser und sieht auch besser aus. Davon profitieren am Ende alle, auch Ihre Kinder und Ihr Mann."

Name: **Betty Gower**
Alter: 62 *Körpergröße:* 1,62 m
Beruf: Büroangestellte *Wohnort:* New Eltham (London)
Anfangsgewicht: **84 kg** *Gewicht nach 20 Wochen:* **78 kg**
Gewicht nach 28 Wochen: **76 kg** *Diätplan:* Frustesser

Betty lebt allein, hat aber als Großmutter häufig ihre Enkelkinder zu Besuch. Sie kam ein paar Monate später als die anderen „Versuchskaninchen" in unsere Schokoholics-Gruppe. Betty hatte schon immer eine Schwäche für Süßes und gestand, dass sie oft ihre Enkelkinder als Vorwand gebraucht, um Schokoladenvorräte anzulegen, die sie dann jedoch selbst isst.

„Ich glaube, alle Omas geben ihren Enkelkindern Süßigkeiten – sie sind ein Ausdruck der Liebe, nicht allzu zu teuer und finden reißenden Absatz bei den Kindern. Mein Problem bestand vor allem darin, dass ich die Schokolade immer am Anfang der Woche kaufte und sie schon aufgegessen hatte, bevor die Kinder dann am Samstag kamen. Als die Waage eines Tages 84 kg anzeigte, wusste ich, dass ich etwas unternehmen musste. Ich sah ein Foto von mir, auf dem ich bei einer Party neben einem Freund sitze und in meinem geblümten Kleid sehr, sehr dick aussehe – das hat mich ebenfalls sehr schockiert."

Wir gestatteten Betty an den Wochenenden zusätzliche Kalorien in Form von Schokolade, vorausgesetzt sie würde die Süßigkeiten nicht vor Samstag früh einkaufen. In der ersten Woche nahm sie 2,5 kg ab und in den darauf folgenden Wochen waren es jeweils 1 bis 1,5 kg. Nur einmal, als sie an einem Wochenende verreist war und dabei ein wenig über die Stränge schlug, litt sie kurzzeitig unter Schluckauf. Später erklärten wir ihr, wie sie sich durch gezielte mentale Übungen auf solche Situationen vorbereiten kann. Heute hat sie ihre Schokoladensucht sehr gut unter Kontrolle.

Im folgenden ein Auszug aus ihren Ernährungstagebuch nach 3 Wochen Diät:

Sonntag

Frühstück 1 gekochtes Ei, 1 Scheibe Vollkorntoast mit fettarmem Aufstrich. „Ich werde mir meine 300-Kalorien-Schokoladenration bis heute Nachmittag aufheben. Sie liegt sicher in einer Dose, außer Sichtweite."

Mittag Selbstgekochte Gemüsesuppe mit Vollkorntoast und Tomaten, ein paar Weintrauben. „Nachher werde ich es mir mit einem guten Buch und meiner Schokolade gemütlich machen. Ich freue mich schon darauf."

Extras 1 kleine Banane und die Hälfte der Schokoladenration. „Erstaunlicherweise habe ich nicht mehr das Bedürfnis, die Süßigkeiten schnell aufzuessen. Ich kann sie ohne Gewissensbisse genießen und habe sogar die Hälfte noch übrig, um sie später beim Fernsehen zu naschen."

Abend Diät-Fertiggericht, grüne Bohnen, Brokkoli, Bratapfel. „Sehr sättigend und ich habe immer noch etwas Schokolade übrig. Es läuft gut. Ich gefalle mir in meinen Sachen. Mein marineblauer Rock ist ziemlich weit geworden. Großartig."

Betty ist regelrecht aufgeblüht. Ihr Ziel ist es, noch mindestens 6 kg abzunehmen, und sie ist sich sicher, dass sie ihre Schokoladensucht unter Kontrolle halten kann. „Das wichtigste, was ich gelernt habe, ist es, keine Schuldgefühle mehr zu haben. Aber das allein reicht nicht, wenn man nicht alles das isst, was man im Rahmen des Diätplanes darf. Ich muss das wöchentliche Ernährungstagebuch so lange führen, bis ich mein Wunschgewicht erreicht habe, denn das ist die einzige Möglichkeit, mich selbst zu kontrollieren – aber das ist es mir wert!"

Die Vorbereitungsübungen haben ihr geholfen mit Besuchen bei Freunden und mit Feierlichkeiten zurechtzukommen. Diese Technik kann jeder anwenden, um sein eigenes Essverhalten im Voraus zu planen. Man muss nichts weiter tun, als sich eine beliebige Situation im Vorfeld vorzustellen und genau festlegen, wie man sich verhalten wird.

Wenn Sie zum Beispiel auf Besuch zu liebevollen Verwandten fahren (wie es Betty häufig tut), die Ihnen gutes Essen vorsetzen, dann sollten Sie keine Angst haben, damit ihre Diät zu „ruinieren“. Seien Sie vernünftig – über gutes Essen sollte man sich freuen, statt sich davor zu fürchten. Niemand wird Sie zwingen, sich endlos mit Kuchen und Pudding voll zu stopfen. Ihre Verwandten werden Ihnen keine Pistole auf die Brust setzen, bis Sie zwei Portionen von ihrem köstlichen Dessert gegessen haben.

Nehmen Sie sich einfach vor, jede Mahlzeit zu genießen, langsam zu essen und von den Dingen zu nehmen, die Sie möchten … und nicht alles, was man Ihnen anbietet. Man wird Sie nicht als undankbar beschimpfen, wenn Sie eine zusätzliche Kartoffel oder ein Stück Torte zum Kaffee ablehnen. Sie können immer sagen, dass das Essen zu den Mahlzeiten so wohlschmeckend war, dass Sie im Moment keinen Appetit haben. Achten Sie darauf langsam zu essen, dann wird es niemand bemerken, wenn Ihr Teller nicht ganz leer gegessen ist. Bieten Sie sich an, den Tisch mit abzuräumen, damit das Essen nicht zu lange auf dem Tisch steht. Äußern Sie Ihre Anerkennung, aber lassen Sie sich nicht überreden mehr zu essen, als Sie wollen. Bieten Sie an, mit dem Hund eine Runde zu gehen oder erledigen Sie Einkäufe für Ihre Gastgeberin – so verschaffen Sie sich ausreichend Bewegung.

Betty ist begeistert: „Es ist erstaunlich, wie viel besser ich mich körperlich fühle. Allen ist mein neues Aussehen aufgefallen. Ich habe erheblich mehr Energie und glaube, dass Schokolade aufgehört hat mein Leben zu bestimmen.“

KAPITEL 8

Massage, Meditation und sportliche Betätigung

Während Sie die Schokoholic-Diät befolgen, ist es empfehlenswert, das Maß Ihrer sportlichen Betätigung zu erhöhen und einige Massage- und Meditationstechniken auszuprobieren, die Sie selbst durchführen können.

Massage

Unsere „Versuchskaninchen" stellten fest, dass das durch die Massage vermittelte sinnliche Vergnügen ihnen half, das Bedürfnis nach dem ebenso sinnlichen Vergnügen des Schokolade-Essens zu verringern. Eine ausgedehnte, entspannende Massage mit ätherischen Ölen löst nahezu das gleiche sündhaft wohlige Gefühl aus, wie das Verspeisen einer Schachtel Pralinen – nur ohne die Kalorien! Unsere Teilnehmer erholten sich dabei, begannen ihren Körper neu zu entdecken und genossen es einfach, verwöhnt zu werden. Überdies gelang es ihnen durch eine schnelle Massage zur richtigen Zeit, Schokoladen-Attacken zu verhindern. Spannungen führen oft dazu, dass man gereizt und müde ist, und das wiederum kann einen Schokoladen-Anfall hervorrufen. Daher ist es sinnvoll, Spannungen abzubauen, indem man körperliche und seelische Schmerzen lindert. In diesem Kapitel finden Sie einige Techniken, die Sie sowohl auf Arbeit als auch zu Hause ausprobieren können.

Auf Arbeit Wenn Sie einen anstrengenden Tag hatten und Ihr Blick am Nachmittag ständig auf den Snack-Automaten im Flur fällt, sollten Sie sich stattdessen fünf Minuten Zeit für eine Massage nehmen. Falls der Chef etwas dagegen hat, weisen Sie ihn darauf hin, dass in japanischen Firmen sogar eine Masseuse zum Personal gehört.

1. Setzen Sie sich bequem auf einen Stuhl, rücken Sie ganz nach hinten, die Füße stehen mit etwas Abstand flach auf dem Boden. Wenn möglich, legen Sie ein kleines Kissen in den Hohlraum, den Ihr Rücken bildet. Nun heben Sie langsam Ihre Schultern und lassen sie ein paar Mal fallen, anschließend kreisen Sie mit den Schultern vorwärts und rückwärts, erst einzeln, dann zusammen.
2. Legen Sie die rechte Hand auf Ihre linke Schulter und drücken Sie Ihre Finger auf die Schulter. Wiederholen Sie diese Übung mit der linken Hand auf der rechten Schulter.
3. Legen Sie Ihre Fingerspitzen in den Nacken und massieren Sie die Wirbel sanft von beiden Seiten, versuchen Sie, so weit wie möglich den Rücken hinunter zu reichen.
4. Legen Sie beide Daumen unter Ihren Hinterkopf und strecken Sie die Finger auf Ihrem Kopf aus. Üben Sie nun mit den Daumen einen leichten Druck aus, während Sie die anderen Finger kreisen lassen.
5. Legen Sie die Spitzen Ihrer Mittelfinger in den Hohlraum neben Ihren Augenbrauen. Drücken Sie die Finger leicht an, zählen Sie bis sechs, dann locker lassen.
6. Legen Sie die Mittelfinger in den Hohlraum an Ihrer Nasenwurzel. Drücken Sie nun Ihre Finger leicht nach oben, zählen Sie bis sechs, dann locker lassen.

(Die Übungen Nr. 5 und 6 basieren auf der japanischen Shiatsu-Massage und eignen sich hervorragend bei Spannungskopfschmerz und Augenübermüdung.)

Zu Hause Für diese Massage benötigen Sie keinen Partner, da Sie alle Bewegungen selbst ausführen können. Probieren Sie sie aus, wenn Sie niedergeschlagen sind oder sich ein wenig einsam fühlen. Schokoholics, die vor allem dann zu Essanfällen neigen, wenn ihr Partner abends lange arbeiten muss, sollten sich Zeit für eine solche Massage nehmen und es sich anschließend mit einem guten Buch (*nicht* mit einer Schachtel Pralinen!) gemütlich machen.

Sie brauchen dazu etwas Massageöl. Zwar gibt es ätherische Öle heutzutage überall zu kaufen, aber sie sind oft recht teuer. Deshalb kann man eine große Flasche preiswertes Massageöl verwenden (einfaches Speiseöl eignet sich ebenfalls) und dieses mit ätherischem Öl versetzen. Dazu reichen bereits wenige Tropfen aus.

Wenn Sie sich besonders gestresst, nervös und beunruhigt fühlen, benutzen Sie eines der folgenden Öle oder Sie kombinieren drei Sorten miteinander: Bergamotte, Geranie, Lavendel, Kamille, Ylang-Ylang, Neroli (Pomeranze) und Rose. Wenn Sie sehr müde sind und etwas Aufmunterung brauchen (zum Beispiel wenn Ihr/e Partner/in später nach Hause kommt), probieren Sie Rosmarin oder Bergamotte. Wenn Sie etwas Schwung in Ihr Liebesleben bringen wollen, sind Sandelholz, Jasmin oder Patchouli eine gute Wahl.

Sie benötigen außerdem ein warmes Zimmer, in dem Sie ausreichend Platz zum Hinlegen haben, sowie ein Handtuch, Massageöl mit den entsprechenden ätherischen Ölen und etwas Zellstoff.

1. Legen Sie sich auf den Rücken und entspannen Sie sich eine Minute lang. Geben Sie ein wenig Öl auf Ihren Bauch und massieren Sie es mit kreisenden Bewegungen ein.
2. Drehen Sie sich auf den Bauch. Drücken Sie Ihre Fingerspitzen von links und rechts an die Wirbelsäule und reiben Sie sanft mit leichtem Druck. Legen Sie die Hände nun von oben auf die Schultern und massieren Sie Ihre Schulterblät-

ter, den Nacken und die Schultern mit sanften, streichenden Bewegungen.

3. Setzen Sie sich langsam auf. Nehmen Sie etwas Öl und kneten und massieren Sie damit Ihre Beine. Beginnen Sie an den Oberschenkeln, massieren Sie in Richtung der Knie und anschließend wieder zurück. Nun massieren Sie weiter in Richtung der Knöchel und wieder zurück.

4. Bleiben Sie sitzen, legen Sie die Daumenspitzen von links und rechts an die Wirbelsäule. Drücken Sie die Daumen einige Sekunden lang an, dann lockerlassen. Bewegen Sie nun Ihre Daumen etwa 2,5 cm nach oben. Wiederholen Sie die beschriebene Übung so lange, bis Sie nicht mehr höher reichen können.

5. Stehen Sie auf und kneten und massieren Sie Ihr Gesäß. Verwenden Sie noch etwas Öl, um es mit kreisenden Bewegungen einzumassieren.

6. Bedecken Sie einen Stuhl mit dem Handtuch und massieren Sie Ihre Füße mit etwas Öl. Am einfachsten ist es, wenn Sie dazu einen Fuß auf den anderen Oberschenkel legen (abgewandelte Yoga-Stellung – „halber Lotossitz“). Dann kneten Sie Ihre Füße kräftig an den Sohlen und zwischen den Zehen. Mit dem anderen Fuß wiederholen.

7. Entfernen Sie das überschüssige Öl mit etwas Zellstoff, ziehen Sie einen Bademantel an und legen Sie sich ein wenig hin, so lange Sie können. Falls Sie einen Termin haben, sollten Sie sich den Wecker stellen, denn es könnte passieren, dass Sie einschlafen.

Meditation

Es ist zwar nicht bekannt, dass Schokoladensucht allein durch Meditation heilbar ist; dennoch kann sie wesentlich dazu beitragen, dass Sie Ihr Leben besser in den Griff bekommen. Und das wiederum macht es leichter Gewohnheiten zu überwinden. Die Meditation sorgt für eine wertvolle Unterbrechung des Tagesgeschehens, während der Sie alle Probleme vergessen und komplett abschalten können. Danach fühlen Sie sich erfrischt und den Problemen gewachsen. Um zu meditieren, müssen Sie sich nicht im Lendenschurz auf einen Teppich setzen. Im Gegenteil, Sie können es überall tun. Probieren Sie diese einfache Übung auf Arbeit oder zu Hause:

1. Ziehen Sie Ihre Schuhe aus. Lockern Sie nun alle einengenden Kleidungsstücke, vor allem in der Taillengegend. Öffnen Sie knapp sitzende Jeans oder einen viel zu engen Rock. Schließen Sie die Augen und setzten Sie sich bequem auf einen Stuhl. Legen Sie die Hände in den Schoß oder auf die Knie.
2. Atmen Sie langsam und flach ein und aus. Konzentrieren Sie sich nun auf den Kontakt Ihres Körpers mit dem Stuhl und den Ihrer Füße mit dem Boden. Holen Sie paar Mal entspannt Luft und stellen Sie sich dabei vor, Sie würden ein Gefühl von Ruhe und Frieden einatmen und den Stress, die Spannungen und die Sorgen des Tages ausatmen.
3. Konzentrieren Sie sich auf Ihre Füße und entspannen Sie diese. Dann bewegen Sie sich aufwärts, konzentrieren sich nacheinander auf jeden Teil Ihres Körpers und entspannen sich Stück für Stück immer weiter. Wenn Sie vollkommen entspannt sind, holen Sie ein paar Mal tief und wohltuend Luft und genießen den sanften Rhythmus und Strom Ihres Atems. Sie haben fast das Gefühl schwerelos zu sein und zu schweben.
4. Nach ein oder zwei Minuten holen Sie Ihren Körper ins Leben zurück. Konzentrieren Sie sich zunächst wieder auf den Kontakt zwischen Ihrem Körper und dem Stuhl, zwischen Ihren Füßen und dem Boden. Als nächstes beleben Sie Ihre Zehen, indem Sie sie bewegen. Strecken Sie Ihre Beine aus. Bewegen Sie Ihre Finger, strecken Sie Arme und

Hände. Strecken Sie nun Ihren ganzen Körper ausgiebig. Öffnen Sie vorsichtig die Augen. Sie fühlen sich phantastisch!

Gymnastik

Nachfolgend finden Sie drei verschiedene Übungsprogramme, die für Schokoholics sehr gut geeignet sind. Das *erste* basiert auf Yoga, einer sehr alten Methode, die dazu dient, Ihren Körper und Geist neu zu beleben. Außerdem trägt sie zur Entspannung und Lockerung bei. Das *zweite* Programm umfasst Dehnübungen, deren Ziel es ist, alle Belastungen und Anstrengungen des Tages zu überwinden, die in Ihnen das Verlangen nach Schokolade auslösen könnten. Das *dritte* beinhaltet etwas schwungvollere Bewegungsabläufe und ist für zu Hause gedacht. Die Übungen sollen Ihren Stoffwechsel anregen und sind nur für Personen geeignet, die weniger als 20 kg Übergewicht haben und körperlich relativ fit sind. Seien Sie also bitte vernünftig. Sollten Sie bei der einen oder anderen Übung Zweifel haben, ob Sie dazu in der Lage sind, sollten Sie Ihren Arzt konsultieren.

1. Yoga

Das so genannte Hatha-Yoga oder die Lehre von der Körperbeherrschung umfasst eine Reihe von uralten Körperübungen bzw. -haltungen, die so gut wie jeden Teil des menschlichen Körpers bewegen und kräftigen. Führen Sie die Bewegungen langsam durch und achten Sie darauf, die jeweilige Haltung so gut wie möglich einzunehmen.

Die Leiche Das klingt zwar tödlich, ist aber eine äußerst nützliche Übung, die der tiefen Entspannung dient, und die Sie zu Beginn und zum Abschluss dieses Übungsprogramms durchführen sollten.

Legen Sie sich auf den Rücken, die Beine gespreizt, die Füße sind zeigen locker nach außen. Die Arme liegen mit den Handflächen nach oben mit etwas Abstand neben Ihrem Körper, die Fingerhaltung ist locker (nicht gestreckt). Atmen Sie nun eine Minute lang tief und gleichmäßig.

Die Kobra Diese Übung eignet sich hervorragend, um Müdigkeit und Rückenschmerzen zu lindern. Außerdem hilft sie gegen Verstopfung und Blähungen.

Legen Sie sich mit dem Gesicht nach unten auf den Boden, die Beine sind geschlossen, das Kinn berührt die Erde. Die Hände befinden sich an den Schultern, die Unterarme liegen auf dem Boden, die Ellbogen sind dicht an Ihren Körper herangezogen. Heben Sie nun den Kopf, krümmen Sie Ihren Rücken und ziehen Sie die Schultern zurück und herunter. Schauen Sie an die Decke. Halten Sie diese Position, während Sie bis sechs zählen. Anschließend beugen Sie Ihre Arme langsam und senken Ihren Körper zurück in die Ausgangshaltung. Atmen Sie aus, wenn Sie Ihren Körper heben und atmen Sie ein, wenn Sie Ihren Körper senken. Wiederholen Sie diese Übung viermal.

Die Katze Wenn Sie schon einmal gesehen haben, wie eine Katze sich streckt, werden Sie verstehen, warum unsere vierbeinigen Freunde so beweglich sind. Diese Übung stärkt das Rückgrat und kräftigt die Bauchmuskeln.

Begeben Sie sich in den Kniestand, d. h. Knie und Hände befinden sich auf dem Boden, die Hände direkt unter den Schultern, die Finger zeigen nach vorn. Senken Sie nun Ihren Rücken langsam nach unten, während Sie das Gesäß nach oben und nach außen strecken. Schauen Sie an die Decke. Kehren Sie diese Haltung nun langsam um, indem Sie Ihren Rücken krümmen und den Bauch einziehen. Legen Sie das Kinn auf die Brust. Zählen Sie bis fünf und halten Sie diese Stellung so lange, dann wiederholen Sie die Übung. Begeben Sie sich anschließend für einen Moment in den Fersensitz.

Das „Knäuel" Diese Übung ist besonders günstig für alle, die ein zu kräftiges Hinterteil haben, denn sie stärkt die Gesäßmuskeln. Sie erhöht die Beweglichkeit des Halses und kräftigt ihn. Außerdem trägt sie zu einem flacheren Bauch bei.

Legen Sie sich auf den Rücken, die Beine und Füße sind geschlossen, die Zehen gestreckt. Die Handflächen zeigen nach unten und werden auf den Boden gedrückt. Beugen Sie nun Ihre Knie und heben Sie sie so nah an die Brust wie Sie können. Umfassen Sie Ihre Knie mit den Händen und verschränken Sie die Finger. Ziehen Sie nun die Knie zu sich heran und heben Sie den Kopf in Richtung der Knie. Bleiben Sie in dieser Stellung und zählen Sie bis fünf. Anschließend legen Sie den Kopf wieder auf den Boden und entspannen sich. Wiederholen Sie die Übung zweimal und begeben Sie sich dann für einige Sekunden wieder in die Position „Leiche" (siehe Seite 115).

Der Sonnengruß Diese Übung besteht aus 12 Bewegungen, die innerhalb kurzer Zeit für ausgiebige und umfassende Kräftigung sorgen. Sie eignet sich gut als Frühsport und sorgt für einen erfolgreichen Start in den Tag. Nehmen Sie diese Übung in Angriff, nachdem Sie die vier zuvor beschriebenen Bewegungsmuster gemeistert haben.

Das abwechselnde Dehnen und Beugen unterstützt den Kreislauf und die Atmung. Ebenso werden die Verdauung sowie die Bauch-, Rücken-, Arm- und Beinmuskeln gestärkt. Am günstigsten ist es, wenn man diese Übung in lockerer Kleidung und barfuß auf einer weichen Decke durchführt. Probieren Sie es zunächst einmal und starten Sie einen erneuten Versuch, wenn Sie Zeit dazu haben:

1. Stehen Sie aufrecht, mit gestrecktem Rücken und geschlossenen Beinen. Drücken Sie Ihre Handflächen vor der Brust gegeneinander, halten Sie dabei die Unterarme waagerecht und die Schultern locker.
2. Atmen Sie ein und heben Sie Ihre Arme über den Kopf. Strecken Sie sich nach oben und schauen Sie an die Decke. Spannen Sie die Gesäßmuskeln an, lehnen Sie sich zurück und halten Sie dabei den Kopf und die Arme in einer Linie.
3. Beugen Sie Ihren Oberkörper nach vorn und atmen Sie dabei aus. Führen Sie Ihren Kopf zu den Knien und berühren Sie mit den Händen Ihre Beine. Beugen Sie nun die Knie, so dass Ihre Handflächen den Boden berühren.
4. Schauen Sie auf und stellen Sie Ihr linkes Knie auf den Boden, so weit nach hinten wie möglich. Ihr rechtes Knie sollte gebeugt sein, die rechte Ferse berührt den Boden. Krümmen Sie nun den Rücken.
5. Verlagern Sie Ihr Gewicht auf Arme und Hände, strecken Sie das rechte Bein nach hinten neben das linke, so dass Ihr Körper von den Beinen bis zum Kopf eine gerade Linie bildet.
6. Beugen Sie nun Ihre Arme und berühren mit Stirn, Brust und Knien den Boden. Atmen Sie aus und ziehen Sie den Bauch ein. Atmen Sie normal und machen Sie in dieser Haltung eine kurze Pause.
7. Drücken Sie Ihre Arme durch, so dass sie gestreckt sind, krümmen Sie Ihr Rückgrat, senken Sie die Schultern und schauen Sie auf. Sie befinden sich nun in der zuvor beschriebenen Kobra-Haltung.
8. Heben Sie nun Ihr Gesäß an, strecken Sie die Beine und Arme und lassen Sie den Kopf fallen, so dass er zwischen den Armen „hängt".
9. Verlagern Sie Ihr Gewicht auf die Beine und senken Sie Ihre Fersen auf den Boden.
10. Holen Sie den rechten Fuß nach vorn und stellen Sie ihn

flach auf den Boden. Senken Sie Ihr linkes Knie, schauen Sie auf und atmen Sie ein.

11. Holen Sie den linken Fuß nach vorn neben den rechten, strecken Sie die Beine durch, beugen Sie sich nach vorn, umfassen Sie Ihre Beine und atmen Sie aus.

12. „Entwirren" Sie sich, indem Sie Ihre Arme und Ihren Körper heben. Strecken Sie sich und heben Sie dabei Ihre Arme über den Kopf. Nehmen Sie langsam wieder Position 1 ein.

2. Dehnübungen

Sind Sie manchmal müde, geschafft und leiden unter anhaltender Übelkeit, wenn Sie von der Arbeit nach Hause kommen? Bevor Sie sich einen Schnaps einschenken, Medikamente nehmen oder zu einem „Schokoladentrost" greifen, ziehen Sie sich zurück und machen Sie ein paar einfache Dehnübungen. Sie können Ihnen dabei helfen sich zu entspannen, sowohl innerlich als auch äußerlich. Sie werden feststellen, dass die Schmerzen verschwinden und dass Sie auf einmal quicklebendig fühlen. Erstaunlicherweise ist auch der Hungerschmerz (der eigentlich gar keiner war) nicht mehr vorhanden.

Dehnübung für den ganzen Körper Diese Übung ist gut für Rücken, Beine, Arme und Bauchmuskeln und trägt zu Ihrer Entspannung bei. Sie eignet sich hervorragend, wenn Sie sich mit dem Auto ewig durch verstopfte Straßen gequält haben oder nach einem langen Flug endlich im Hotel angekommen sind. (Lassen Sie Begrüßungsschokolade auf dem Kissen liegen!)

Sie stehen mit geschlossenen Beinen und heben Sie die Arme über den Kopf, die Finger greifen locker ineinander. Beugen Sie langsam die Knie und senken Sie die Arme allmählich nach unten in die Waagerechte. Lassen Sie die

Hände seitlich nach unten fallen und entspannen Sie Ihren Kopf, indem Sie ihn ebenfalls nach vorn fallen lassen. Machen Sie eine kurze Pause und kehren Sie den Bewegungsablauf anschließend um. Wiederholen Sie diese Übung fünfmal, atmen Sie ein, wenn Sie den Körper heben, und atmen Sie aus, wenn Sie ihn senken.

Dehnübung für Arme, Beine und Rückgrat Diese Übung dient den Beinen und Armen, dem Bauch sowie der Körperhaltung. Oftmals wird sie von Sportlern zur Erwärmung vor einem Lauf angewandt, um dadurch Verletzungen zu verhindern.

Sie stehen aufrecht mit geschlossenen Beinen, die Hände an den Seiten. Stellen Sie nun Ihren linken Fuß nach hinten und verlagern Sie Ihr Gewicht nach vorn, die linke Ferse ist angehoben. Heben Sie den rechten Arm über den Kopf. Heben Sie das linke Bein an und strecken Sie den linken Arm nach hinten. Das rechte Bein bleibt gestreckt. Wiederholen Sie die Übung fünfmal mit dem linken Bein und dem rechten Arm und anschließend fünfmal mit dem rechten Bein und dem linken Arm.

Dehnübung für Oberschenkel und Hüften Wenn Sie lange gesessen haben, egal ob im Zug, im Bus oder auf Arbeit, wird diese Übung Ihnen helfen, das verkrampfte Gefühl im Gesäß loszuwerden. Außerdem macht sie Ihre Hüften und Oberschenkel schlanker.

Setzen Sie sich auf den Boden, stützen Sie die Hände hinter sich auf, der Rücken ist gestreckt, die Knie angezogen. Schwingen Sie nun Ihre Hüften nach links und berühren Sie dabei mit beiden Knien den Boden. Führen Sie die Übung mit rechts aus. Anschließend wiederholen Sie fünfmal die vollständige Bewegung, nach rechts und links.

Dehnübung für Seite und Taille Wenn Sie etwas für Ihre Körperhaltung tun, können Sie um einiges größer und schlanker erscheinen. Diese Übung verschafft Ihnen eine schlankere Taille und regt dazu an, aufrechter zu stehen und zu sitzen.

Sie stehen aufrecht, die Füße in ca. 60 cm Abstand zueinander, die Hände in die Hüfte gestützt. Heben Sie nun Ihren rechten Arm über den Kopf und beugen Sie Ihren Oberkörper nach links, so weit Sie können. Danach richten Sie sich wieder auf und führen die Übung nach rechts aus. Wiederholen Sie beide Seiten fünfmal. Nach diesem Mini-Training können Sie Berge versetzen!

3. Kräftigungs- und Ausdauerübungen

Dieser Teil ist ein Trainingsprogramm, das Sie dreimal pro Woche durchführen sollte. Es dient dazu, den Stoffwechsel anzuregen und eignet sich nur für Personen, die maximal 20 kg Übergewicht haben und körperlich relativ gut in Form sind. Wenn Sie in schlechter körperlicher Verfassung sind, sollten Sie diese Übungen besser vermeiden. Wenn Sie Zweifel haben, konsultieren Sie bitte Ihren Arzt. Mit etwas rhythmischer Musik werden Sie die Übungsfolge durchhalten!

Erwärmung Beginnen Sie das Übungsprogramm mit den oben beschriebenen Dehnübungen und schließen Sie die Erwärmung mit der *Dehnübung für den ganzen Körper* ab.

Rumpfaufrichten vorwärts Diese Übung ist hervorragend geeignet, um die Bauchmuskeln zu kräftigen. Die angewinkelten Knie tragen dazu bei, Rückenschmerzen vorzubeugen.

Legen Sie sich auf den Rücken, stellen Sie die Beine an, so dass die Füße auf dem Boden stehen und die Beine leicht gespreizt sind. Heben Sie die Arme auf Kniehöhe, die Hände aneinander, die Finger gestreckt. Richten Sie nun Ihren Oberkörper mit nach vorn gestrecktem Kopf auf so weit Sie können, bis Sie aufrecht sitzen. Anschließend rollen Sie den Rücken langsam wieder ab, so dass Sie wieder in Ausgangsposition liegen. Der Kopf bleibt während des Abrollens nach vorn gestreckt. Wiederholen Sie die Übung fünf- bis zehnmal, erhöhen Sie diese Anzahl allmählich.

Kräftigung für Gesäß und Hüften Wenn Sie Ihr Hinterteil nicht ausstehen können, dann ist diese Übung genau richtig für Sie. Aber halten Sie trotzdem weiter Diät!

Knien Sie sich auf den Boden, Ihre Hände befinden sich in Schulterhöhe vor Ihnen auf dem Boden. Strecken Sie nun das rechte Bein zur Seite, der Fuß ist nach vorn gestreckt. Heben Sie das Bein im rechten Winkel zu Ihrem Körper so hoch Sie können, danach senken Sie es wieder. Wiederholen Sie die Übung fünfmal mit dem einen und fünfmal mit dem anderen Bein. (Um den Schwierigkeitsgrad dieser Übung zu erhöhen und das Training der Gesäß- und Oberschenkelmuskeln zu intensivieren, führen Sie den beschriebenen Bewegungsablauf in der gleichen Anzahl mit gebeugtem Knie durch.)

Oberschenkelkräftigung Diese gezielte Übung ist anstrengender als sie klingt, jedoch sehr wirkungsvoll für Ihre Oberschenkel. Versuchen Sie dabei nicht zu wackeln!

Sie stehen mit beiden Füßen auf dem Boden, die Hände an den Hüften. Das rechte Bein ist leicht vorgestellt, das linke Bein zurück. Verteilen Sie Ihr Gewicht gleichmäßig auf beiden Beinen. Beugen Sie nun Ihr rechtes Bein und verlagern Sie Ihr Gewicht darauf. Halten Sie dabei den Rücken gerade und gehen Sie so weit nach unten wie Sie können, ohne sich nach vorn zu lehnen. Wiederholen Sie diesen Ablauf zehnmal, anschließend zehnmal mit dem anderen Bein.

Kräftigung für Hüfte, Rücken und Bauch Diese Übung besteht aus zwei verschiedenen Bewegungen. Sie macht Spaß und ist sehr anregend.

Sie stehen mit gespreizten Beinen, die Hände befinden sich über dem Kopf, die Finger sind verschränkt. Drehen Sie Ihren Oberkörper nach links und lehnen Sie sich dann nach vorn. Halten Sie den Kopf und die Arme in einer geraden Linie und kreisen Sie mit dem Oberkörper nach unten und wieder nach oben, anschließend umgekehrt. Fünfmal wiederholen.

Beugen Sie nun Ihren Oberkörper nach vorn und stecken Sie die Hände mit den Handflächen nach unten durch die Beine so weit sie bequem reichen können. Richten Sie sich wieder auf, stützen Sie die Hände in die Seite und lehnen Sie sich zurück. Fünfmal wiederholen.

Wechselspringen Diese Übung ist sehr populär in Fitness-Studios und Gymnastikkursen. Sie eignet sich hervorragend, um die Kondition zu trainieren.

Stellen Sie sich vor eine Fußbank o. ä. oder vor die unterste Treppenstufe. Nun springen Sie abwechselnd mit dem linken und rechten Fuß auf die Bank oder Treppenstufe, so dass sich beide Füße jeweils oben und unten kurz treffen. Halten Sie den Rücken gerade und stützen Sie die Arme in die Seiten.

Laufen auf der Stelle Beenden Sie Ihr Trainingsprogramm mit „Joggen in der Wohnung“. Laufen Sie 50 Schritte auf der Stelle, mit geradem Rücken und angewinkelten Armen. Entspannen Sie sich anschließend.

KAPITEL 9

Wie man schlank bleiben kann, ohne auf Schokolade zu verzichten

Nun haben Sie also Ihr Wunschgewicht erreicht und fragen sich, ob Sie es schaffen werden, so gut in Form in bleiben. Das ist der wichtigste Moment in Ihrem Leben. Wie jeder (ehemals) Übergewichtige aus eigener Erfahrung weiß, ist es viel leichter abzunehmen, als das erreichte Gewicht zu halten. Das gilt besonders für Schokoholics, die jeden Tag aufs Neue ihrer größten Versuchung ausgesetzt sind.

Aber machen Sie sich keine Sorgen. Ich verspreche Ihnen, dass Sie schlank bleiben und Schokolade in begrenzten Mengen essen können, ohne über die Stränge zu schlagen, sofern Sie die in diesem Kapitel beschriebene Strategie befolgen.

Sehen Sie Ihrem Erfolg ins Auge

Die schwierigste Aufgabe, der Sie nun gegenüber stehen, ist es, sich über Ihre Leistung zu freuen. Tatsächlich, so verwunderlich es klingen mag, erleben viele Betroffene das Erreichen Ihres Wunschgewichtes als problematisch und haben Schwierigkeiten mit der Situation umzugehen. Hier sind sechs Problembeispiele geschildert und Wege aufgezeigt, wie man damit fertig werden kann:

1. *Beziehungsprobleme* Ihre Familie oder Ihr Partner könnte sich durch Ihr „neues Ich“ bedroht fühlen. Plötzlich sind Sie schlank, dynamisch und attraktiv. Sie werden nicht länger

von den Stimmungshochs und -tiefs geplagt, die mit der Schokoladensucht einher gehen. Dadurch sind Ihre Angehörigen möglicherweise verunsichert und Sie drücken dieses Gefühl auf negative Weise aus, indem sie kein Verständnis haben, sich wenig hilfsbereit oder gar lieblos zeigen. Was können Sie tun? Seien Sie besonders aufmerksam, aber trotzdem fest entschlossen gut auszusehen und zu tun, was Sie für richtig halten. Die anderen werden sich bald auf die neue Situation einstellen, sobald sie erkannt haben, dass Ihr altes Ich auch noch da ist.

2. *Sich den Herausforderungen stellen* Als Sie noch übergewichtig waren, konnten Sie dies als Ausrede gebrauchen, um sich zurückzuziehen. Sie hatten einen scheinbar plausiblen Grund, um Feierlichkeiten, Jobangebote, Sport und alles, was mit Anstrengung verbunden war, zu meiden. Doch jetzt fällt diese Ausrede weg. Was können Sie tun? Fangen Sie klein an. Gehen Sie auf eine Party, buchen Sie eine Urlaubsreise, bewerben Sie sich auf eine Stelle – aber nicht alles auf einmal! Erfreuen Sie sich stattdessen an Ihrem neuen Körper und machen Sie das Beste aus Ihrem Äußeren. Investieren Sie in neue Kleidung und einen guten Haarschnitt, gehen Sie aus. Wenn Sie erst erkannt haben, dass Herausforderungen Spaß machen, werden Sie anfangen, Sie zu genießen, statt Angst vor ihnen zu haben.

3. *Spaß am Sex* Bei den meisten Schokoladensüchtigen (vor allem bei Frustessern und Romantikern) dient die Schokolade als Sex-Ersatz. Jetzt, da Ihr Körper gut in Form ist, gibt es keinen Grund mehr, sich die schönste Sache der Welt zu versagen. Vielleicht werden Sie erkennen, dass Ihr Liebesleben, das Sie so sorgsam gemieden haben, eigentlich gar nicht so großartig war. Oder Sie stellen fest, dass es gar niemanden gibt, mit dem Sie Ihre wiedergefundene Liebesglut teilen können! Was können Sie tun? Wenn Sie in einer belanglos gewordenen Beziehung leben, sollten Sie versu-

chen, etwas für deren Wiederbelebung zu tun. Vielleicht hat Ihr/e Partner/in berechtigterweise die Nase voll von Ihrem Verhalten und aus diesem Grund kein Interesse, die Zweisamkeit wieder in Gang zu bringen. Zarte Werbeversuche, romantische Abende zu zweit oder sexy Dessous können hier manchmal Wunder wirken. Wenn das alles nicht hilft, scheuen Sie sich nicht eine Beratungsstelle aufzusuchen. Wenn Sie bislang dem anderen Geschlecht eher aus dem Weg gegangen sind, sollten Sie jetzt öfter ausgehen, um soziale Kontakte zu knüpfen. Stürzen Sie sich jedoch nicht gleich in ein erotisches Abenteuer, sondern gönnen Sie sich zunächst ein wenig schöne, altmodische Romantik.

4. *Die Erfüllung aller Wünsche?* Viele ehemals Übergewichtige glauben irrtümlicherweise, dass nun, da sie schlank sind, ihre kühnsten Träume in Erfüllung gehen: dass ihr/ Partner/in sie plötzlich mehr liebt, dass alle Geldsorgen verschwinden und dass sie ein Leben wie in Hollywood führen können. Aber so ist das Leben leider nicht. Wenn Sie schlank sind werden Sie zwar mehr Selbstbewusstsein haben und mit Problemen besser umgehen können, aber dadurch wird Ihr Leben nicht automatisch rosiger. Sehen Sie diesen Tatsachen mutig ins Auge, dann werden Sie auch nicht enttäuscht sein (und vor allem nicht nach Süßigkeiten greifen, um sich aufzumuntern!).

5. *„Masse" und Macht* Manche Übergewichtige genießen im Unterbewusstsein die Macht, die mit dem Dicksein verbunden ist. Es gefällt ihnen, wenn sie gesehen werden und wenn man über sie spricht. Vor allem Männer neigen dazu, Körperfülle mit Potenz gleichzusetzen. Allerdings sagt die Größe des Bierbauches noch nichts über die anderen Körperteile aus. Wenn Sie Ihren bisherigen Körperumfang plötzlich vermissen sollten, denken Sie daran, dass Fitness ebenfalls sehr männlich wirkt. Durch Training können Sie auch gezielt Ihre Muskeln aufbauen.

6. *Der Umgang mit Neid* Am Anfang wird man Ihnen zu Ihrem Gewichtsverlust gratulieren, aber schon nach kurzer Zeit werden Sie möglicherweise feststellen, dass einige Ihrer engsten Freunde Sie um Ihren Erfolg beneiden. Sie machen spitze Bemerkungen über Ihre „eingefallenen Wangen" oder Ihre „dünnen Beine" und versuchen ständig, Sie in Cafés zu locken, um dort mit Ihnen Schokoladenkuchen und -torte zu essen. Seien Sie stark und lehnen Sie diese verlockenden Angebote ab. Sie *schaffen* es.
7. *Sich neue Ziele setzen* Wenn Sie Ihr Ziel geschafft haben, gibt es immer einen Moment der Orientierungslosigkeit. Ihnen fehlt plötzlich die Perspektive, Ihr Wunschgewicht erreichen zu müssen. Setzen Sie sich einfach neue Ziele – aber diesmal im Zusammenhang mit Ihrem Zuhause, Ihrer Arbeit oder Ihren sportlichen Aktivitäten. Glücklichsein bedeutet auch, Neues in Angriff zu nehmen und sich selbst zu fordern, also gehen Sie es an!

Wie man sich selbst im Griff behält

Wer schlank bleiben will, sollte die zehn folgenden wichtigen Regeln befolgen:

1. *Essen Sie regelmäßig* Wenn Sie Ihre Schokoladensucht unter Kontrolle behalten wollen, müssen Sie einen vernünftigen Ernährungsplan befolgen. In diesem Kapitel finden Sie einen solchen. Sie sollten Ihre Mahlzeiten oder Snacks in regelmäßigen Abständen zu sich nehmen. Vermeiden Sie ein zu starkes Absinken Ihres Blutzuckerspiegels, da dies einen Drang nach süßen Nahrungsmitteln hervorruft.
2. *Planen Sie sorgfältig* Überlegen Sie zu Beginn jeder Woche, was Sie zu erledigen haben und welche Termine anliegen. Planen Sie sowohl Ihre beruflichen und privaten Verpflichtungen, als auch Ihre Ernährung.

3. *Nehmen Sie sich etwas zu Essen mit* Gehen Sie niemals aus dem Haus, ohne etwas Obst oder einen kalorienarmen Snack in Ihren Einkaufsbeutel, Aktenkoffer oder Werkzeugkasten zu stecken. Erliegen Sie keiner Versuchung.
4. *Suchen Sie sich Beschäftigungen* Werden Sie aktiv, unternehmen Sie etwas, damit Essen in Ihrem Leben erst den zweiten, dritten oder sogar vierten Platz einnimmt. Renovieren Sie Ihre Wohnung, nehmen Sie an Busreisen teil, treten Sie in örtliche Vereine ein.
5. *Sorgen Sie für ausreichend Bewegung* Nutzen Sie das Trainingsprogramm in diesem Buch (Kapitel 8), um gut in Form zu bleiben und Ihren Stoffwechsel in Schwung zu bringen.
6. *Gönnen Sie sich etwas* Sie haben nur das Beste verdient. Gönnen Sie sich den Luxus, einen halben Tag frei zu nehmen. Machen Sie einen Spaziergang im Park, besuchen Sie eine Galerie, machen Sie es sich mit einem guten Buch gemütlich oder bleiben Sie einfach mit Ihrem/r Partner/in im Bett.
7. *Genießen Sie das Essen und Ihre Schokoladenration* Sie werden feststellen, dass Sie im Rahmen der Erhaltungsdiät reichlich essen können und dass Ihnen eine großzügige Menge an Schokolade und schokoladehaltigen Gerichten gestattet wird. Essen Sie so viel Sie dürfen und genießen Sie es.
8. *Machen Sie sich ein Bild von Ihrem Körper* Schauen Sie jeden Tag in den Spiegel und freuen Sie sich ganz bewusst über das, was Sie sehen. Eitelkeit ist gesund. Führen Sie sich zukünftige Situationen vor Augen: ein Familienfest, ein Hochzeit oder eine Urlaubsreise – stellen Sie sich vor, wie Sie dabei fit, gesund und schlank aussehen. Achten Sie auf jedes Detail: Ihre Kleidung, was Sie essen und in wessen Gesellschaft Sie sich befinden.
9. *Erholen Sie sich* Stress wirkt sich äußerst ungünstig auf die Ernährung aus. Tun Sie etwas dagegen, indem Sie Ihren Alltag durch kurze, preiswerte Auszeiten unterbrechen.

Nach Angaben von Psychologen wirkt sich dies günstiger aus als ein langer Jahresurlaub, der gelegentlich ziemlich stressig sein kann.

10. *Kontrollieren Sie Ihr Gewicht wöchentlich* Es hat keinen Sinn, öfter als einmal pro Woche auf die Waage zu steigen, da Flüssigkeitsveränderungen im Körper das tatsächliche Gewicht beeinflussen können. Wiegen Sie sich daher immer am gleichen Wochentag, zur gleichen Zeit und mit der gleichen Kleidung. Lassen Sie eine Schwankung von 2 kg über Ihrem Wunschgewicht zu. Sobald Sie diese Grenze überschreiten, sollten Sie, zum Beispiel für eine Woche, zur Schokoholic-Diät zurückkehren. Geraten Sie nicht in Panik, wenn Sie rückfällig werden. Abnehmen ist unter Umständen eine Lebensaufgabe, aber es macht auch Spaß.

Schokolade international

Wenn Sie es erst einmal geschafft haben abzunehmen und Ihre Schokoladensucht in den Griff zu bekommen, können Sie anfangen, Schokolade zu genießen. Das geht am besten, wenn Sie nur kleine Mengen davon zu sich nehmen und darin schwelgen. Es ist viel leichter weniger zu essen, wenn man mehr Geld dafür ausgibt. Verwöhnen Sie sich daher von Zeit zu Zeit mit etwas teurerer Schokolade. Hier finden Sie einige Tipps, wo man die beste „Nobelschokolade“ kaufen kann:

London Die berühmten belgischen Chocolatiers Leonidas haben ein Geschäft im Erdgeschoss des Einkaufszentrums Selfridge. Dort gibt es eine Auswahl von delikaten, handgefertigten Luxuspralinen. Charbonnet and Walker in der Bond Street sind die erste Adresse für echte Kenner – allerdings sollten Sie sich einen Besuch verkneifen, wenn Sie knapp bei Kasse sind.

Paris In den Maisons du Chocolat finden Sie wunderbare Trüffel und hervorragende Tafelschokolade.

Genf Das beste Geschäft ist Jenny's und befindet sich am Bahnhof, aber großartige Schokolade gibt es überall zu kaufen.

Zürich Bei Sprüngli oder Teuscher gibt es die sensationellen Pfister-Pralinen – jeder Bissen ein geradezu orgastisches Vergnügen!

Brüssel Jede Filiale von Leonidas oder Godiva ist ein wahres Paradies für Schokoholics.

Aspen, USA In der Rocky Mountain Chocolate Factory wird die Schokolade quasi im Schaufenster hergestellt. Es ist fast unmöglich nicht hineinzugehen und sie zu probieren. Sie wird in riesigen Tafeln verkauft, aber wenn man sichergehen will, entscheidet man sich für die kleinere Variante.

Hong Kong Wenn Sie im Hilton übernachten, dann sollten Sie unbedingt die Gerard-Dubois-Pralinen probieren – einfach köstlich.

Kopenhagen Testen Sie die Schokoladen-Bar mit Selbstbedienung am Flughafen, aber essen Sie vorher unbedingt einen eiweißreichen Snack.

Hamburg Gehen Sie ins Café Condi im Hotel Vier Jahreszeiten. Dort gibt es leckere Pralinen aus eigener Herstellung.

Wien Halten Sie Ausschau nach einer Filiale der Kurkonditorei Oberlaa, wo es Pralinen von Meister-Chocolatier Karl Schumacher gibt.

Im Flugzeug Die Vielflieger unter den Schokoladenkennern empfehlen das Angebot der Lufthansa, da die zum Essen gereichte Schokolade aus der Produktion kleiner Schokoladenhersteller stammt.

Die Erhaltungsdiät

Das ist die Diät, mit deren Hilfe Sie schlank bleiben werden. Sie gestattet Frauen eine Kalorienmenge von ca. 1500 und Männern 2000. Halten Sie diesen Plan, nachdem Sie Ihr Wunschgewicht erreicht haben, zwei Wochen lang ein. Wenn Sie dabei immer noch abnehmen, dann erhöhen Sie die Kalorienmenge pro Woche um 100 Kalorien. Ergänzen Sie dazu Ihren Diätplan mit Positionen aus der Liste *Ergänzungen mit 100 Kalorien* am Ende dieses Kapitels (sie enthält leider keine Schokolade), bis Ihr Gewicht konstant bleibt.

Frauen dürfen pro Tag 150 Kalorien in Form von Schokolade zu sich nehmen (dazu gehören Riegel, Pralinen, Kekse oder Gerichte aus der Rezeptsammlung in Kapitel 10), bei Männern sind es 200 Kalorien. Diese Menge können Sie sich aufsparen und auf zwei- oder dreimal pro Woche verteilt essen, jedoch nicht alles auf einen Schlag. Vermeiden Sie es, die gesamte Schokoladenration auf einmal zu kaufen und denken Sie daran, jeden Bissen zu genießen.

Französische Schokoladenkenner (meist sehr schlanke Menschen!) bevorzugen es, ihre köstliche und teure dunkle Schokolade bei einem Glas Wein oder Cognac zu genießen. Da Sie im Rahmen Ihrer Diät eine begrenzte Menge Alkohol trinken dürfen, können Sie es den Franzosen durchaus gleichtun. Eine unserer erfolgreichen Teilnehmerinnen gönnt sich jeden Abend im Bett ein paar sündhaft teure Pralinen, trinkt ein Glas Weinbrand dazu und schaut sich ein erotisches Video an. Das gelingt ihr jedoch nur an solchen Abenden, an denen ihr Mann beruflich unterwegs ist. Wenn er zu Hause ist, „schaffen" sie nur die ersten 20 Minuten des Videos!

Tagesmengen
Sie dürfen 275 ml fettarme Milch zum Tee und Kaffe verwenden. Wasser und Mineralwasser können Sie in unbegrenzten Mengen trinken. Gehen Sie sparsam mit Koffein um und versuchen Sie stattdessen lieber Wasser und Kräutertees zu trinken. Kamillen-, Zitronen- und Früchtetees schmecken wirklich gut. Obwohl Light-Limonaden nur sehr wenige Kalorien enthalten und sie in den meisten Diäten erlaubt sind, sollten Sie dennoch vorsichtig damit sein. Zu große Mengen dieser süßen Getränke können sich unter Umständen nachteilig auf Ihre Geschmacksnerven auswirken und Sie wieder in einen Schokoladen-Junkie verwandeln. Nehmen Sie sich also in Acht!

Sie können außerdem so viel Gemüse von der Liste auf Seite 57 essen, wie Sie wollen. Bereiten Sie es phantasievoll zu – als Salat mit einem Dressing aus Zitronensaft, Kräutern und Essig, kurz gekocht, gedünstet oder mit sehr wenig Öl in der Pfanne gebraten. Essen Sie zu jeder Mahlzeit reichlich davon, damit Sie niemals das Gefühl haben zu wenig zu bekommen.

Ergänzungen für Männer *Eine* Option pro Tag.

- 2 große Scheiben Vollkornbrot mit etwas fettarmem Aufstrich
- ½ l Bier
- 120 g Kartoffelbrei, mit fettarmer Milch zubereitet
- 50 g mageres Fleisch

Alkoholmengen *Eine* Option pro Tag.

- 275 ml Bier
- 1 Glas trockener Wein
- 2 kalorienarme Mixgetränke

Anti-Alkoholiker können stattdessen eine Scheibe Brot oder ein kleines Vollkornbrötchen zusätzlich essen.

Täglich Nehmen Sie *ein* Frühstück, *eine* kleine Mahlzeit, *ein* Abendessen und *einen* stoffwechselanregenden Snack mit hohem Eisweißgehalt zu sich. Letzteren sollten Sie essen, wenn Ihre Energie nachlässt und Ihre Geschmacksnerven kribbeln.

Frühstück

- Sandwich aus 2 Scheiben Vollkornbrot und einer der folgenden Belagvarianten:
  - 1 kleine Banane
  - 1 Scheibe gut durchgegrillter durchwachsener Schinkenspeck und Tomaten
  - 12 g geriebener fettarmer Cheddar
- 25 g ungesüßtes Müsli o. ä. mit Milch (Tagesmenge beachten), 1 Ei, 2 Scheiben Knäckebrot mit etwas fettarmem Aufstrich
- 1 Becher kalorienarmer Joghurt (Geschmacksrichtung beliebig), 1 Scheibe Vollkorntoast mit 1 Teelöffel Marmelade, 100 ml ungesüßter Fruchtsaft
- Milchshake aus 125 ml fettarmer Milch (zusätzlich zur Tagesmenge), 1 große Banane, 1 Becher kalorienreduzierter Bananenjoghurt, etwas Kakaopulver

Kleine Mahlzeiten

In der Schale gebackene Kartoffeln 250 g Kartoffeln mit Salat und Gemüse von der Liste auf Seite 57 sowie einer der folgenden Füllungen:

- 2 Esslöffel Mais und 12 g geriebener Edamer
- 1 Becher Diät-Krautsalat
- 2 Esslöffel Naturjoghurt gemischt mit etwas Meerrettich und 25 g klein geschnittenem Hühnerfleisch oder Schinken (ohne Haut oder Fett)
- 1 kleine Dose Thunfisch im eigenen Saft, verrührt mit etwas Zitronensaft

Toasts 2 Scheiben Vollkorntoast mit einer der folgenden Belagvarianten sowie 1 Apfel, Orange, Birne oder kleine Banane:

- 1 hart gekochtes Ei und 2 Esslöffel Mais
- 1 Dose Thunfisch im eigenen Saft, bestreut mit 12 g geriebenem Edamer
- gegrillte Tomaten belegt mit 1 Scheibe gut durchgegrilltem Schinkenspeck
- 50 g Champignons gegart in Hühnerbrühe mit 25 g Schinkenstreifen

Gerichte mit Schokoladen-Nachtisch

- 250 g Hähnchenschenkel (ohne Haut), großer gemischter Salat, 1 Portion Schoko-Bananen-Kuchen (*siehe* Rezept S. 142)
- Schoko-Bananen-Kuchen (*siehe* Rezept S. 142), 1 Apfel
- 150 g gegrillter Fisch, gegrillte Tomaten und Salat von der Gemüseliste, Schokoladen-Mousse (*siehe* Rezept S. 150), 1 Apfel, ein paar Weintrauben

Salate Großer gemischter Salat von der Gemüseliste mit einem Dressing aus Kräutern und Zitronensaft oder Essig sowie einer der folgenden Beilagen:

- 250 g Hähnchenflügel (ohne Haut), 1 kleines Vollkornbrötchen mit etwas fettarmem Aufstrich, 1 große Banane bzw. 2 Äpfel oder Birnen
- 1 kleines Stück Quiche (mit Käse, Hackfleisch oder Fisch), 1 Apfel, Orange oder eine kleine Banane bzw. 1 kalorienarmer Joghurt
- 100 g Räucherfisch, 1 Scheibe Vollkornbrot mit etwas fettarmem Aufstrich, 1 Scheibe Zitrone, ein paar Weintrauben

Sandwich 2 Scheiben Vollkornbrot mit Salat von der Gemüseliste und folgendem Belag bzw. Nachtisch:

- 25 g Hühnerfleisch, Schinken oder anderes mageres Fleisch ohne Fett oder Haut, 1 Apfel, Birne oder eine kleine Banane

Hauptgerichte

Kalte Speisen Großer gemischter Salat von der Gemüseliste mit einer der folgenden Beilagen:

- 50 g kaltes mageres Fleisch, 1 Vollkornbrötchen mit etwas fettarmem Aufstrich, 25 g Edamer oder fettarmer Cheddar
- 1 mittelgroßes Stück Quiche, 2 Esslöffel Mais, 1 Apfel
- 1 Diät-Pastagericht mit Gemüse und Garnelen, kalt serviert, 1 Scheibe Vollkornbrot mit etwas fettarmem Aufstrich, 1 große Banane

Warme Speisen

- 75 g Pasta (Trockengewicht) serviert mit folgenden Beilagen:
  - Dosentomaten mit 100 g geschälten Garnelen, Knoblauch, Kräutern, großer gemischter Salat; 1 Kugel (25 g) Vanille-Eiscreme mit 1 Portion Schokoladensauce (*siehe* Rezept S. 156) *ODER* 1 kleines Vollkornbrötchen mit 12 g Camembert oder anderem Weichkäse
- 125 g mageres Lamm- oder Schweinekotelett, gegrillt, leichte Sauce, große Portion Gemüse von der Liste, 75 g Kartoffelbrei (mit fettarmer Milch von der Tagesmenge), Bratapfel mit 1 Esslöffel Joghurt
- 125 g mageres Rump- oder Filetsteak, gegrillt, 75 g Backofen-Frites, gegrillte Tomaten, Brunnenkresse, großer gemischter Salat und Gemüse von der Liste
- 1 große Scheibe Melone oder ½ Grapefruit mit Ingwer und/oder Süßstoff, 85 g Vorderschinken, gegrillt, 2 Esslöffel Erbsen, 1 Scheibe Ananas (aus der Dose), 150 g in der Schale gebackene Kartoffeln, große Portion Salat und Gemüse von der Liste
- 100 g gegrillte Kalbsleber, 1 Scheibe gut durchgegrillter Schinkenspeck, gegrillte Tomaten, Gemüse von der Liste, 1 Portion Schokoladen-Reispudding mit Rosinen (*siehe* Rezept S. 154) oder Schoko-Kokos-Eiscreme (*siehe* Rezept S. 147)

- Schmortopf: 100 g mageres Rindfleisch gegart in 1 Dose kalorienarmer Tomatensuppe mit Zwiebelringen, 2 Esslöffel Möhrenscheiben, Kräuter, Knoblauch und Rinderbrühe, Gemüse von der Liste, 1 große Banane

Vegetarische Gerichte

- 2 gegrillte Gemüseburger (Fertiggericht), gegrillte Tomaten, 75 g Backofen-Frites, großer gemischter Salat von der Liste, 2 Esslöffel Erbsen, 1 Kugel (25 g) Vanille-Eiscreme mit 1 Portion Schokoladensauce (*siehe* Rezept S. 156)
- Vegetarisches Fertiggericht (z. B. mit Brokkoli) und zusätzlichem Gemüse von der Liste sowie 12 g geriebener fettarmer Cheddar

In Restaurants

Essen Sie ein Stück Melone oder eine klare Suppe und anschließend ein Gericht mit magerem Fisch oder Fleisch (ohne Sauce) mit reichlich Gemüse. In indischen Restaurants sollten Sie Hühnchen-Tikka oder Tandoori mit einfachem Reis bestellen. In chinesischen Restaurants wird es schon schwieriger. Die beste Wahl ist Hühnerfleisch Chop Suey mit einfachem Reis. Vermeiden Sie alle fettigen Gerichte, cremige Saucen und süßen Nachtisch, es sei denn, Sie fühlen sich wirklich sehr stark. Wenn Sie doch einmal über die Stränge geschlagen haben, streichen Sie einfach für ein paar Tage Ihre Alkohol- und Schokoladenration.

Stoffwechselanregende Snacks mit hohem Eiweißgehalt

Eine Option pro Tag. Denken Sie immer daran sich einen Snack mitzunehmen, wenn Sie unterwegs sind – die meisten lassen sich gut einpacken:

- 2 Scheiben Knäckebrot dünn mit etwas fettarmem Aufstrich bestrichen und 1 kleiner Becher Hüttenkäse

- 2 Stangen Sellerie bestrichen mit 1 gehäuften Dessertlöffel Erdnussbutter
- 50 g dünner Kochschinken, bestrichen mit 25 g Philadelphia Light, aufgerollt und in mundgerechte Stücke geschnitten
- Spieß aus 25 g Edamer, grünen Paprikastücken, Tomaten, Champignons, 2 Scheiben Knäckebrot dünn mit fettarmem Aufstrich bestrichen
- 1 Scheibe Diätbrot, 1 kaltes Fischstäbchen und Salat
- 50 g Garnelen (abgetropft), 75 g gekochter Reis, Zwiebel, 1 Teelöffel Erbsen, 1 Teelöffel Möhrenwürfel
- 1 Tasse Diät-Suppe, Geschmacksrichtung Tomate/Gemüse mit Croutons, bestreut mit 12 g geriebenem, fettarmem Cheddar-Käse
- 25 g Edamer, 1 Apfel

Ergänzungen mit 100 Kalorien (Wenn Sie 2 Wochen nach Erreichen Ihres Wunschgewichtes nach wie vor abnehmen, fügen Sie zu Ihrem Ernährungsplan eine Woche lang pro Tag eine dieser Ergänzungen hinzu. Wenn Sie dann immer noch abnehmen, eine weitere Ergänzung etc.)

- 1 Scheibe Vollkornbrot oder 1 kleines Vollkornbrötchen mit etwas fettarmem Aufstrich
- 75 g Kartoffelbrei, angerührt mit fettarmer Milch
- 75 g Pasta (Trockengewicht)
- 50 g Hühnerfleisch (ohne Haut) oder magerer Schinken
- 1 große Banane oder 2 mittelgroße Äpfel, Orangen oder Birnen
- 2 Esslöffel Mais und 3 Esslöffel Erbsen oder Möhren
- 1 fettarmes Würstchen

KAPITEL 10

Köstliche Schokoladenrezepte

In diesem Kapitel finden Sie eine Reihe von Schokoladenrezepten, die speziell für Schokoholics auf ein Minimum an Kalorien reduziert wurden. Sie können diese Gerichte in Ihren Ernährungsplan aufnehmen, allerdings nur als Teil der Ihnen in Form von Schokolade gewährten Kalorienmenge. Wenn Ihr Diätplan also beispielsweise pro Tag 200 Kalorien in Form von Schokolade vorsieht, können Sie dazu entweder Produkte aus der Kalorientabelle auf Seite 162 auswählen *oder* sich für eines der hier aufgeführten Rezepte entscheiden. Beides ist leider nicht möglich!

Denken Sie daran, diese Gerichte sind zum Genießen gedacht. Haben Sie dabei kein schlechtes Gewissen und genießen Sie jeden einzelnen Bissen. Eine Warnung jedoch: Wenn Sie etwas nur für sich selbst zubereiten, die Mengen im Rezept jedoch für vier Personen angegeben sind, könnten Sie in Schwierigkeiten geraten. Sicherer ist es, nur ein Viertel der Zutaten zu verwenden, um lediglich eine einzelne Portion zu erhalten. Sie können natürlich auch drei hungrige Leute zum Essen einladen, oder Sie teilen das Gericht in vier Portionen und „verstecken" drei davon im Kühlschrank oder in einem Kuchenbehälter mit Deckel! Bei den Keksrezepten ist es besonders wichtig, dass Sie die Leckereien in einer Dose verstauen oder Sie erst dann backen, wenn Sie eine „Horde" hungriger Gäste erwarten. Bitte nicht schummeln!

Aphrodisische Desserts

Das sind leckere, originell geformte Naschereien für Verliebte. Denken Sie daran: je mehr echte Liebe und Zuneigung Sie erleben, desto weniger kommen Sie in Versuchung, sich mit der „falschen" – in Form von Phenylethylamin aus Schokolade – darüber hinwegzutrösten.

Verwenden Sie diese Rezepte, um den oder die für Sie wichtigsten Menschen und sich selbst zu verführen (und vergessen Sie dabei nicht, die Kalorien als Teil Ihrer täglichen Schokoladenration zu zählen)!

Schokoladen-Mandel-Knabberei

50 g Fertigmehlmischung (mit Triebmittel)
½ gestrichener Teelöffel Backpulver
25 g Kakaopulver
25 g Mandeln, blanchiert und gehackt
150 g weicher brauner (Rohr-)Zucker
Schale einer halben Orange
50 g Butter
75 g Diät-Weichkäse oder Magerquark
2 große Eier

1. Mehl, Backpulver und Kakao zusammen in eine Schüssel sieben.
2. Mandeln, Zucker und Orangenschale zugeben. Butter und Käse miteinander verrühren.
3. Die Mischung aus Butter und Käse in die Mehlschüssel geben, die Eier hinzufügen und alle Zutaten sorgfältig verrühren.
4. Den Teig in eine gefettete Backform (18 cm) füllen und die Oberfläche glatt streichen. Bei 160 °C (Gasherd Stufe 3) 50 Minuten backen.
5. Auf einem Drahtgitter auskühlen lassen und in 16 qua-

dratische Stücke schneiden. Bis zum Verzehr in einer Dose außerhalb Ihrer Sichtweite aufbewahren.

Ergibt 16 Stück *80 Kalorien pro Stück*

Éclair-Brüste

Brandteig 150 ml Wasser
50 g fettreduzierte Backmargarine
70 g Weizenmehl, gesiebt
eine Prise Salz
2 große Eier, leicht verquirlt
Füllung 240 ml Schokoladen-Eiscreme
25 g Erdbeeren oder Himbeeren
zum Garnieren 8 Teelöffel (40 ml) Erdbeermarmelade
8 Smarties

1. Wasser und Margarine in einem kleinen Topf bei mittlerer Temperatur zum Kochen bringen.
2. Von der Kochstelle nehmen und sofort das Mehl sowie Salz zugeben. Mit einem Holzlöffel so lange rühren, bis sich der Teig von den Topfwänden löst. Etwas abkühlen lassen.
3. Die Eier nach und nach unter die abgekühlte Masse rühren.
4. Mit einem Löffel den Teig in 8 kleine Häufchen auf ein mit Backpapier ausgelegtes Backblech geben.
5. Den Backofen auf 220 °C (Gasherd Stufe 7) vorheizen und die Éclairs auf der obersten Schiene 20 Minuten backen. Anschließend die Temperatur auf 190 °C (Gasherd Stufe 5) reduzieren und weitere 10 Minuten backen.
6. Die Éclairs im unteren Teil seitlich aufschneiden, damit der Dampf entweichen kann. Dann auskühlen lassen.
7. Nach dem Abkühlen mit der Eiscreme und den Früchten füllen.
8. Mit der Marmelade bestreichen und jedes Törtchen mit einem Smartie belegen.

Für 6 Personen *160 Kalorien pro Portion*

Schokoladengipfel
50 g Haferflocken
3 Esslöffel (45 ml) Whisky
1 Teelöffel klarer Honig
Saft von 1 Zitrone
225 g fettarmer Hüttenkäse, durch ein Sieb gerührt
150 ml fettarmer Joghurt, gekühlt
50 g entsteinte Datteln, klein geschnitten
15 g dunkle Schokolade zur Dekoration

1. Die Haferflocken auf ein Backblech streuen und im Backofen (Grillstufe) leicht rösten.
2. Whisky, Honig und Zitronensaft in einer kleinen Schüssel verrühren.
3. Hüttenkäse und Joghurt in eine große Schüssel geben und nach und nach die Whiskymischung, die Datteln und einen Großteil der Haferflocken unterrühren.
4. Das Dessert in vier Schälchen füllen und mit Haferflocken dekorieren. Kalt stellen und kurz vor dem Servieren mit Schokoladenraspeln bestreuen.

Für 4 Personen *170 Kalorien pro Portion*

Schokoladen-Wackelpudding (Zubereitung in der Mikrowelle)
2 Esslöffel Maismehl
1 Esslöffel Kakaopulver
1 Esslöffel Fructose (Fruchtzucker)
275 ml fettarme Milch
4 Teelöffel Vanille-Extrakt
1 Teelöffel fettarme Margarine
Orangenspalten zum Dekorieren

1. Maismehl, Kakao und Fructose zusammen in einen großen Krug geben.

2. Langsam unter Rühren die Milch dazugießen.
3. Ohne Deckel bei maximaler Temperatur 1 Minute in der Mikrowelle garen. Gut umrühren und weitere 30 Sekunden (bzw. bis die Masse eindickt) bei maximaler Temperatur in die Mikrowelle stellen.
4. Nochmals umrühren und die fettarme Margarine sowie das Vanille-Extrakt zugeben.
5. In einzelne Schälchen füllen, mit Frischhaltefolie abdecken und fest werden lassen.
6. Vor dem Servieren mit Orangenspalten dekorieren.

Für 2 Personen *125 Kalorien pro Portion*

Kuchen und Kekse

Wenn sich Ihr Gaumen an kleinere Mengen von Schokolade gewöhnt hat, können Sie sich ruhig eine der folgenden Köstlichkeiten gönnen. Ein Warnung jedoch: Bereiten Sie Kuchen und Kekse stets nur in kleineren Mengen zu und bewahren Sie sie außerhalb Ihrer Sichtweite in einem luftdicht verschließbaren Behälter auf.

Schoko-Bananen-Kuchen

15 g Kakao
90 g Vollkorn-Fertigmehlmischung (mit Triebmittel)
1 gestrichener Teelöffel Backpulver
50 g Walnüsse
100 g Margarine
5 gestrichene Esslöffel Streusüße (gleiche Süßkraft wie Zucker)
1 große reife Banane
2 Eier

1. Kakao, Mehl und Backpulver zusammen in eine Schüssel sieben.

2. Die Walnüsse klein hacken.
3. Margarine und Streusüße cremig rühren.
4. Die Banane zerdrücken und mit der Margarine verrühren.
5. Die Eier leicht verquirlen und in kleinen Mengen nach und nach unter die cremige Masse ziehen.
6. Mehlmischung und Walnüsse unterrühren.
7. Den Teig in eine gefettete flache Backform (18 x 18 cm) geben. Im vorgeheizten Backofen bei 180 °C (Gasherd Stufe 4) 30 Minuten backen. Auf einem Drahtgitter abkühlen lassen

Ergibt 16 quadratische Stücke *110 Kalorien pro Portion*

Schokoladenplätzchen

225 g Fertigmehlmischung (mit Triebmittel)
eine Prise Salz
150 g Sonnenblumenmargarine
100 g Puderzucker
50 g Schokoladentröpfchen
1 Ei, verquirlt

1. Das Mehl durch ein Sieb geben und das Salz hinzufügen. Die Margarine dazugeben und alle Zutaten verrühren, so dass eine krümelige Masse entsteht.
2. Den Zucker und die Schokoladentröpfchen hinzufügen.
3. Anschließend das Ei zugeben und alles zu einem festen Teig verarbeiten.
4. Auf einer bemehlten Fläche leicht kneten, bis der Teig glatt ist.
5. Den Teig in eine Plastiktüte geben und 30 Minuten kalt stellen.
6. Den Teig dünn ausrollen und 30 Plätzchen (Ø ca. 5 cm) ausstechen.
7. Die Plätzchen auf ein leicht gefettetes Backblech legen und mit einer Gabel mehrfach einstechen.

8. 12–15 Minuten bei 180 °C (Gasherd Stufe 4) backen.
9. Auf einem Backblech abkühlen lassen.

Ergibt 30 Plätzchen *90 Kalorien pro Stück*

Carob*-Rezepte

Die meisten Schokoholics haben Schwierigkeiten, dem Carob-Geschmack von „falschen" Schokoriegeln etwas abzugewinnen. Zum Kochen und Backen eignet sich dieser Schokoladenersatz jedoch recht gut, vor allem in Verbindung mit Früchten. Außerdem hat Carob den Vorteil, dass es nicht die Nebenwirkungen von Schokolade aufweist und daher nicht so stark den Drang in uns weckt, mehr zu essen als gut ist.
Diese Rezepte sind auf jeden Fall einen Versuch wert. Carob gibt es in den meisten Reformhäusern oder Bioläden.

Schwarzwälder Carob-Kirschtorte

3 Eier, getrennt
85 g Puderzucker
70 g Weizenmehl
15 g Carob-Pulver
175 g schwarze Kirschen aus dem Glas, entsteint
150 g Diät-Schlagsahne

1. Die Eiweiß mit dem Zucker steif schlagen.
2. Das Mehl mit dem Carob-Pulver mischen und vorsichtig unter den Eischnee heben. Den Teig in zwei leicht gefettete Springformen (Ø 20 cm) geben.
3. Bei 180 °C (Gasherd Stufe 4) 15–20 Minuten backen, bis

* Anm.: Carob ist ein Pulver aus den Früchten des Johannisbrotbaumes. Es ist reich an Vitaminen und Mineralstoffen und wird häufig als Kakaoersatz verwendet.

der Teig beim Berühren nachgibt. Auf einem Drahtgitter abkühlen lassen.
4. Die Kirschen klein schneiden. Die Sahne steif schlagen und anschließend die Kirschen dazu geben. Die Crème zwischen den beiden Tortenböden verteilen. Die Oberseite der Torte ebenfalls mit Sahne bestreichen.
Für 8 Personen *160 Kalorien pro Portion*

Carob-Mousse
90 g Carob-„Schokolade"
abgeriebene Schale und Saft von einer ½ kleinen Orange
2 Eier, getrennt
1 Teelöffel Gelatine in Pulverform
Orangenschalen-Streifen zum Dekorieren

1. Die Carob-Schokolade in einer kleinen Schüssel über einem Topf mit kochendem Wasser unter Rühren schmelzen.
2. Von der Kochstelle nehmen und die geriebene Orangenschale sowie die Eigelb unterziehen.
3. Den Orangensaft in eine kleine Schüssel geben und die Gelatine hineinstreuen. 5 Minuten stehen lassen. Die Schüssel in einen Topf mit etwas leicht kochendem Wasser stellen, bis sich die Gelatine aufgelöst hat.
4. Den Saft mit der Gelatine unter die Carob-Masse rühren.
5. Die Eiweiß steif schlagen und unter die Masse heben.
6. Die Crème in 4 Schälchen füllen. Im Kühlschrank fest werden lassen. Mit den Orangenschalen-Streifen dekorieren.
Für 4 Personen *180 Kalorien pro Portion*

Orangen-Carob-Kuchen
75 g fettreduzierte Backmargarine
225 g Fertigmehlmischung (mit Triebmittel)
4 Esslöffel Streusüße (gleiche Süßkraft wie Zucker)
100 g Carob-„Schokolade", zerkleinert

abgeriebene Schale und Saft von 1 Orange
etwas fettarme Milch
1 Ei

1. Den Backofen auf 180 °C (Gasherd Stufe 4) vorheizen. Eine Kastenform leicht einfetten.
2. In einer großen Schüssel die Margarine mit dem Mehl verrühren.
3. Streusüße, Orangenschale und Carob dazugeben. Alle Zutaten leicht verrühren.
4. Die Orange auspressen und den Saft in einen Messbecher gießen.
5. Den Saft mit Milch auf 150 ml auffüllen.
6. Das Ei verquirlen und zu den trockenen Zutaten geben. Die Orangenmilch zugeben, alles miteinander verrühren und den Teig in die Kastenform füllen.
7. Ungefähr eine Stunde backen bzw. die Konsistenz mit einem Holzstäbchen prüfen (wenn kein Teig mehr daran klebt, ist der Kuchen fertig). Abkühlen lassen und anschließend auf ein Drahtgitter geben. In Scheiben servieren.

Für 6 Personen *160 Kalorien pro Portion*

Getränke

Hier finden Sie einige sehr schöne Rezepte für köstliche Schokoladen-Longdrinks. Sie schmecken sehr gut und haben einen nicht allzu hohen Kaloriengehalt. Trinken Sie langsam und genießen Sie den vollen Geschmack der Schokolade und der anderen leckeren Zutaten.

Karibik-Milchshake
575 ml fettarme Milch
2–3 gestrichene Teelöffel Schokoladenpulver
150 g fettarmer Naturjoghurt

1 Banane, in drei Teile geschnitten
1 Esslöffel Rum (kann auch weggelassen werden)
1 gestrichener Teelöffel gehackte Nüsse zum Dekorieren

1. Alle Zutaten in einen Mixer geben und zu einem glatten Getränk verarbeiten.
2. In 4 Gläser verteilen und mit den Nüssen dekorieren.

Für 4 Personen *110 Kalorien pro Glas*

Schoko-Mint-Milchshake

275 ml fettarme Milch
1 Esslöffel Schokoladenpulver
2–3 Tropfen Pfefferminz-Extrakt
3 Eiswürfel
Streusüße nach Geschmack

1. Alle Zutaten in einen Mixer geben und 30 Sekunden mixen.
2. In ein hohes Glas geben und langsam trinken!

Für 1 Person *130 Kalorien pro Glas*

Eiscreme

Eiscreme lässt sich zu Hause leicht zubereiten und ist für Kalorienbewusste günstiger als die fertig gekaufte, da man den Kaloriengehalt besser kontrollieren kann. Die folgenden Rezepte eignen sich gut, wenn man Gäste hat. Man kann sie aber auch ganz für sich allein genießen.

Schoko-Kokos-Eiscreme

150 ml fettarme Milch
50 g Kokosraspeln
1 gestrichener Esslöffel Kakao
2 gestrichene Esslöffel Streusüße (gleiche Süßkraft wie Zucker)

1 gestrichener Teelöffel Gelatine
2 Esslöffel Wasser
150 ml Schlagsahne
150 ml Halbfett-Kondensmilch
2 Esslöffel Kokoslikör

1. Milch, Kokosraspeln und Kakao in einen kleinen Topf geben und unter ständigem Rühren zum Kochen bringen.
2. In eine Schüssel füllen und die Streusüße unterrühren.
3. Die Gelatine in 2 Esslöffeln Wasser auflösen und zu der Milchmischung hinzufügen. Anschließend abkühlen, jedoch nicht fest werden lassen.
4. Die Sahne steif schlagen. Die Kondensmilch schlagen, bis sie leicht und schaumig ist.
5. Die Schlagsahne und die aufgeschlagene Kondensmilch zusammen mit dem Kokoslikör unter die Milchmischung heben.
6. Die Masse in einen Plastikbehälter füllen und 2 Stunden tiefkühlen.
7. Anschließend in eine gekühlte Schüssel füllen und nochmals rühren, um die Eiskristalle zu zerkleinern. Danach wieder in den Plastikbehälter füllen und einfrieren, bis die Eiscreme fest ist.

Für 8 Personen *160 Kalorien pro Portion*

Schoko-Mint-Eiscreme

150 ml fettarmer Naturjoghurt
150 g Weichkäse aus fettarmer Milch bzw. Magerquark
Pfefferminz-Aroma
grüne Lebensmittelfarbe (kann weggelassen werden)
3 Esslöffel Streusüße (gleiche Süßkraft wie Zucker)
2 Eiweiß
15 g Schokoladentröpfchen

1. Nach und nach den Joghurt unter den Weichkäse rühren. Anschließend schaumig schlagen.
2. Einige Tropfen Pfefferminz-Aroma, die grüne Lebensmittelfarbe (wenn gewünscht) und die Streusüße zugeben und nochmals schlagen.
3. Die Masse in einen flachen Metallbehälter geben und abdecken. Für eine Stunde ins Gefrierfach stellen.
4. Die Creme in eine gekühlte Schüssel geben und mit dem Mixer erneut schlagen, um die Eiskristalle zu zerkleinern.
5. Weitere 30 Minuten tiefkühlen und nochmals schlagen.
6. Die Eiweiß schlagen, jedoch nicht zu steif.
7. Vorsichtig den Eischnee und die Schokoladentröpfchen unterheben. Die Masse wieder in den Gefrierbehälter geben und tiefkühlen.
8. Die Eiscreme 30 Minuten vor dem Servieren aus dem Gefrierfach nehmen und in den Kühlschrank stellen.

Für 6 Personen *55 Kalorien pro Portion*

Pudding- und Cremespeisen

Es geht doch nichts über einen kühlen Schokoladenpudding als Nachtisch. Diese Rezepte sind sehr schnell zubereitet – sparen Sie sich also ein paar Kalorien von Ihrer täglichen Schokoladenration dafür auf.

Schokoladen-Maronen-Mousse

275 ml fettarme Milch
3 gestrichene Esslöffel Kakao
Süßstoff
175 g Maronen-Püree (auch Esskastanien genannt)
2 Esslöffel heißes Wasser
1 Beutel (10 g) Gelatine
2 Eiweiß

1. 150 ml Milch zum Kochen bringen.
2. Aus dem Kakaopulver und etwas von der übrigen Milch eine Paste bereiten.
3. Die heiße Milch mit der Kakaopaste verrühren, in den Topf zurück geben und zum Kochen bringen.
4. Von der Kochstelle nehmen und ein wenig abkühlen lassen.
5. Nach Geschmack Süßstoff zugeben.
6. Zusammen mit dem Maronen-Püree und der restlichen Milch mit dem Mixer zu einer glatten Masse verarbeiten.
7. Die Gelatine in 2 Esslöffeln heißem Wasser auflösen und zu der Masse geben. Nochmals mixen.
8. Die Creme in eine Schüssel füllen und in den Kühlschrank stellen, bis sie gerade beginnt fest zu werden.
9. Die Eiweiß schlagen(jedoch nicht zu steif) und unter die Schokoladencreme heben.
10. In vier Schälchen verteilen und kühl stellen.

Für 4 Personen *165 Kalorien pro Portion*

Schoko-Mint-Baisers

25 g After Eight, zerkleinert
100 g Schoko-Mint-Eiscreme
4 Baiser-Nester
4 Esslöffel Schokoladenlikör
Schokolade zu Dekoration

1. Die zerkleinerten After-Eight-Täfelchen unter die Eiscreme ziehen.
2. In jedes Baiser-Nest eine Portion davon geben.
3. Mit dem Likör beträufeln und mit einer *kleinen* Menge Schokolade dekorieren.

Für 4 Personen *205 Kalorien pro Portion*

Schokoladen-Mousse
215 g ungesüßte fettarme Kondensmilch
2 gestrichene Teelöffel Pulvergelatine
4 Esslöffel Wasser
25 g Ovomaltine
Mandarinenspalten zum Dekorieren

1. Die Kondensmilch über Nacht kühl stellen.
2. Die Gelatine zusammen mit 2 Esslöffeln kaltem Wasser in eine Tasse geben. 5 Minuten weichen lassen.
3. Die Tasse in einen Topf mit etwas leicht kochendem Wasser stellen, bis sich die Gelatine aufgelöst hat oder 30 Sekunden in der Mikrowelle mit der Auftau-Funktion erhitzen.
4. Die Ovomaltine mit 2 Esslöffeln heißem Wasser zu einer glatten Paste verrühren.
5. Die Kondensmilch sehr schaumig schlagen. Die aufgelöste Gelatine und die Schokoladenmischung bei laufendem Mixer dazu geben.
6. In eine Servierschale füllen und zum Festwerden kalt stellen. Mit den Mandarinenspalten dekorieren.

Für 4 Personen *80 Kalorien pro Portion*

Schokoladen-Pfirsich-Trifle*
6 Löffelbiskuits
3 gestrichene Teelöffel zuckerreduzierte Marmelade
425 g Pfirsiche aus der Dose
2 Esslöffel Kirschlikör (Cherry Brandy)
225 ml Orangensaft
275 ml Wasser
1 Beutel (10 g) Gelatine
3 gestrichene Esslöffel Streusüße (gleiche Süßkraft wie Zucker)

* Anm.: Trifle ist ein traditionelles englisches Biskuitdessert.

3 gestrichene Esslöffel Vanillepuddingpulver
1 gestrichener Esslöffel Kakao
425 ml fettarme Milch
25 g Mandelblättchen

1. Die Löffelbiskuits mit Marmelade bestreichen und in eine Glasschüssel geben.
2. Die Pfirsiche abgießen und den Saft auffangen. 2 Esslöffel Saft mit dem Kirschlikör mischen und über die Löffelbiskuits geben.
3. Den restlichen Pfirsichsaft mit dem Orangensaft mischen und mit Wasser bis auf 575 ml auffüllen.
4. Die Gelatine in diesem Saft auflösen und 1 gestrichenen Esslöffel Streusüße hinzufügen. Diese Flüssigkeit über die Löffelbiskuits gießen und zum Festwerden kühl stellen.
5. Das Puddingpulver und den Kakao mit etwas Milch glatt rühren.
6. Die restliche Milch nahezu zum Kochen bringen und unter ständigem Rühren in die Pudding-Kakao-Mischung geben. Anschließend zurück in den Topf füllen und unter Rühren wieder zum Kochen bringen. 2 Minuten leicht kochen lassen.
7. In eine gekühlte Schüssel gießen und die restliche Streusüße zugeben. Abkühlen lassen und dabei immer wieder vorsichtig rühren.
8. Die Puddingmasse ebenfalls über die Biskuits gießen. Die Mandeln rösten und über das Dessert streuen.

Für 6 Personen *180 Kalorien pro Portion*

Schokoladentöpfchen mit Cointreau

2 Eier
2 gestrichene Esslöffel Kakao
425 ml fettarme Milch
2 Esslöffel Cointreau

Streusüße nach Geschmack
Orangenschale
4 Spritzer Diät-Sprühsahne zum Verzieren

1. Die Eier mit dem Kakaopulver in einer Schüssel verrühren.
2. Die Milch nahezu zum Kochen bringen und die Eimasse unter ständigem Rühren allmählich zugeben.
3. Die Schüssel über einem Topf mit kochendem Wasser so lange rühren, bis die Masse eindickt.
4. In kleine feuerfeste Schälchen füllen und diese in eine tiefe Auflaufform stellen.
5. Die Auflaufform mit so viel heißem Wasser füllen, dass die Schälchen bis zur Hälfte im Wasser stehen.
6. Mit Backpapier abdecken und im Backofen bei 170 °C (Gasherd Stufe 3) 25 – 30 Minuten bzw. bis zum Festwerden backen.
7. Abkühlen lassen und mit einem Spritzer Diät-Sprühsahne und einem dünnen Streifen Orangenschale verziert servieren.

Für 4 Personen *155 Kalorien pro Portion*

Heiße Schokoladen-Desserts

Vor Jahrhunderten wurde Schokolade als eher bitter schmeckendes Getränk serviert. Der Kakao entwickelt durch die Wärme einen sanften, vollen Geschmack. Und heutzutage können Sie ihn durch die Verwendung von Zuckerersatzstoffen ohne allzu viele zusätzliche Kalorien süßen.

Gedämpfter englischer Schokoladen-Kirsch-Pudding
75 g Margarine
4 gestrichene Esslöffel Streusüße (gleiche Süßkraft wie Zucker)
2 Eier

150 g Fertigmehlmischung (mit Triebmittel)
15 g Kakao
½ gestrichener Teelöffel Backpulver
4 Esslöffel (60 ml) fettarme Milch
75 g kandierte Kirschen

1. Die Margarine und die Streusüße verrühren.
2. Die Eier leicht verquirlen und in kleinen Mengen nach und nach zu der Margarine geben. Nach jeder Zugabe sorgfältig rühren.
3. Mehl, Kakao und Backpulver durch ein Sieb geben und anschließend zusammen mit der Milch und den Kirschen hinzufügen.
4. Eine tiefe, runde, feuerfeste Form ausreichend fetten. Den Teig einfüllen und zunächst mit Backpapier, anschließend mit Alufolie abdecken.
5. Die Form in einen großen Topf stellen und diesen mit so viel kochendem Wasser füllen, dass die Pudding-Form bis zur Hälfte im Wasser steht. Das Wasser wieder zum Kochen bringen und bei milder Hitze 1½ Stunden dämpfen. Den Wasserspiegel konstant halten, indem man ab und zu etwas kochendes Wasser nachgießt.
6. Die Folie entfernen und mit einem Spatel den Pudding vom Rand der Form lösen. Auf eine vorgewärmte Platte stürzen und heiß mit Schokoladensauce (*siehe* Rezept Seite 156) servieren.

Schokoladen-Reispudding mit Rosinen
40 g Milchreis
3 gestrichene Esslöffel Streusüße (gleiche Süßkraft wie Zucker)
50 g Rosinen
2 gestrichene Teelöffel Kakao
575 ml fettarme Milch

1. Den Reis, die Streusüße und die Rosinen in eine feuerfeste Form geben.
2. Den Kakao mit etwas Milch zu einer glatten Masse verrühren.
3. Die restlich Milch zugeben und über den Reis gießen.
4. Bei 150 °C (Gasherd Stufe 2) ca. 2 Stunden backen. Nach ½ Stunde umrühren und nochmals nach 1 Stunde.

Für 4 Personen *150 Kalorien pro Portion*

Gebackenes Schokoladendessert

100 g frische Weißbrotkrumen
575 ml fettarme Milch
3 gestrichene Esslöffel Kakao
Streusüße (gleiche Süßkraft wie Zucker)
1 Ei, leicht verquirlt

1. Die Brotkrumen in eine feuerfeste Form (Fassungsvermögen 850 ml) geben.
2. Den Kakao mit 2 Esslöffeln Milch zu einer glatten Masse verrühren.
3. Nach und nach die restliche Milch dazugießen. In einen Topf geben und zum Kochen bringen.
4. Nach Geschmack mit Streusüße abschmecken.
5. Die Kakaomischung unter ständigem Rühren über das Ei gießen und anschließend über die Brotkrumen geben.
6. 20 Minuten stehen lassen und danach 45–50 Minuten bei 180 °C (Gasherd Stufe 4) backen.

Für 4 Personen *160 Kalorien pro Portion*

Schokoladen-Fondue (Zubereitung in der Mikrowelle)

frisches Obst, in Stücke oder Streifen geschnitten
100 g Schokoladentröpfchen
275 ml fettreduzierte Schlagsahne
150 ml ungesüßter Orangensaft

1. Die Obststückchen auf einem Teller anrichten und mit Zitronensaft beträufeln.
2. Schokoladentröpfchen, Sahne und Orangensaft in eine Schüssel (Fassungsvermögen 1 Liter) geben und 10 – 12 Minuten bei mittlerer Temperatur in der Mikrowelle erhitzen, bis die Zutaten sich vermischen. Während der Garzeit zweimal umrühren.
3. Sofort servieren. Zum Aufspießen der Früchte Cocktailspieße verwenden.

Für 4 Personen *300 Kalorien pro Portion*

Schokoladensauce

4 gestrichene Esslöffel Vanillesoßenpulver
2 gestrichene Esslöffel Kakao
850 ml fettarme Milch
3 gestrichene Esslöffel Streusüße (gleiche Süßkraft wie Zucker)

1. Das Vanillesoßenpulver und den Kakao mit etwas Milch zu einer glatten Masse verrühren.
2. Die restlich Milch nahezu zum Kochen bringen.
3. Die heiße Milch unter ständigem Rühren in die Puddingpulver-Mischung gießen.
4. Alles zusammen zurück in den Topf geben und unter Rühren wieder zum Kochen bringen. 2 Minuten leicht kochen.
5. Von der Kochstelle nehmen und die Streusüße unterrühren.

Für 8 Personen *75 Kalorien pro Portion*

Schokoladengrießbrei

275 ml fettarme Milch
2 gestrichene Esslöffel Grieß
25 g Nuss-Nougat-Creme
Streusüße nach Geschmack

1. Die Milch in einem kleinen Topf nahezu zum Kochen bringen.
2. Den Grieß dazugeben und unter ständigem Rühren 2 Minuten bei niedriger Temperatur kochen.
3. Von der Kochstelle nehmen und vor dem Servieren die Nuss-Nougat-Creme und die Streusüße unterrühren.
Für 2–3 Personen *ca. 200 Kalorien pro Portion*

Schoko-Sandwiches und Knabbereien
Diese leckeren Snacks sind schnell und ohne Kochen zuzubereiten. Aber denken Sie daran: langsam essen und jeden Bissen genießen.

- Sandwich aus 2 Scheiben Vollkornbrot, einer kleinen, in Scheiben geschnittenen Banane, 2 Teelöffeln Schokoladenpulver. *250 Kalorien*
- Sandwich aus 2 Scheiben Diät-Brot (auf Wunsch getoastet), 25 g Nuss-Nougat-Creme. *165 Kalorien*
- 1 Scheibe Vollkorntoast (getoastet) mit Orangenscheiben und ein wenig Schokoladen-Mousse (Light-Produkt). *200 Kalorien*
- 1 Scheibe Vollkornbrot mit 2 Teelöffeln zuckerreduzierter Erdbeermarmelade, 1 Spritzer Sprühsahne, 1 Mini-Riegel Mars, in Scheiben geschnitten. *275 Kalorien*
- 2 Scheiben Knäckebrot mit zuckerreduzierter Himbeermarmelade, 1 Erdnussriegel, halbiert und zerbröselt. *125 Kalorien*

Ernährungstagebuch für Schokoholics

Sämtliche unserer erfolgreichen Teilnehmer führten ein wöchentliches Ernährungstagebuch, das ihnen dabei half, ihre Diät einzuhalten. Alles was Sie dazu brauchen ist ein Notizbuch, das Sie (wie nebenstehend abgedruckt) in Tabellenform aufteilen. Tragen Sie es immer bei sich, damit Sie notieren können, in welcher Stimmung, wo und mit wem Sie Ihre Mahlzeiten, Snacks oder Naschereien zu sich genommen haben. Werten Sie Ihre Aufzeichnungen einmal pro Woche aus und gehen Sie dabei anhand der nachfolgend aufgeführten zehn Punkte vor.

Wenn Sie nach einiger Zeit denken, Ihr Schokoladenproblem dauerhaft unter Kontrolle zu haben und daher das Tagebuch nicht mehr zu benötigen, dann lassen Sie es einfach sein. Sollten Sie allerdings wieder zunehmen und feststellen, dass Ihre Gedanken (und Finger!) wieder verstärkt in Richtung Schokolade wandern, dann nehmen Sie die Aufzeichnungen wieder auf. Damit können Sie die Probleme bereits im Keim ersticken, ehe sie außer Kontrolle geraten.

Checkliste

1. Achten Sie auf Zeit, Ort und Stimmung, wenn Ihr Appetit auf Schokolade außer Kontrolle zu geraten drohte. Standen Sie unter Druck? Haben Sie an diesem Tag genug ge-

ERNÄHRUNGSTAGEBUCH FÜR SCHOKOHOLICS

	Montag	Dienstag	Mittwoch	Donnerstag	Freitag	Samstag	Sonntag
Frühstück:	Gekochtes Ei, Toast						
Wo?	Zu Hause, in der Küche, im Stehen!						
Mit wem?	Kinder, Mann						
Stimmung	Gereizt. Gezwungenermaßen hastig ein paar Bissen gegessen, Familienprobleme						
Mittagessen:	Hühnchensandwich, Tüte Chips						
Wo?	Im Büro						
Mit wem?	Allein, die anderen sind essen gegangen						
Stimmung	Wütend wegen der Chips. Warum nicht etwas Fettarmes und Obst. Arbeit schrecklich. Appetit auf Schokoriegel. Schön brav sein!						
Abendessen:	Garnelen-Tikka, Reis, Fladenbrot, 1 Glas Bier						
Wo?	Indisches Restaurant						
Mit wem?	Mit vier Freundinnen						
Stimmung	Konnte frittiertem Brot und gebratenem Reis widerstehen. Werde ich bis zum Schlafengehen durchhalten? Zu Hause Obst						
Schlafenszeit:	Ovomaltine-Trunk						
Wo?	Im Bett						
Mit wem?	Allein, Mann sieht fern!						
Stimmung	OK. Gutes Gefühl						

gessen? Haben Ihnen andere Menschen das Leben schwer gemacht? Denken Sie darüber nach.

2. Haben Sie ausreichend gefrühstückt? Wenn nicht, suchen Sie nach Möglichkeiten, wie Sie sich das Frühstück etwas erleichtern können, indem Sie zum Beispiel das Essen bereits am Abend vorbereiten oder ein wenig früher aufstehen. Möglicherweise ist es ja gar nicht so schlimm wie es klingt, und Sie wären dadurch vielleicht weniger gereizt. Ich persönlich stehe jeden Morgen um 6.45 Uhr auf, frühstücke in aller Ruhe und lese die Zeitung, bevor ich um 8.30 Uhr anfange zu arbeiten. Es lohnt sich wirklich.

3. Haben Sie Ihr Essen einigermaßen kultiviert und im Sitzen genossen? Wenn Sie nur an einem Imbissstand eilig etwas hinterschlingen, dann registriert Ihr Körper dies möglicherweise gar nicht, weil es einfach zu schnell geht. Das könnte durchaus der Grund dafür sein, warum Sie am Nachmittag oder Abend wieder genascht haben.

4. Gibt es ein Muster, nach dem Ihre Essanfälle immer wieder ablaufen? Ist möglicherweise eine bestimmte Person, ein Ort oder eine Fernsehsendung der Auslöser dafür? Wenn Sie diese Muster erst einmal erkannt haben, sind Sie schon auf dem besten Weg, das Problem zu überwinden.

5. Sind Ihre Mahlzeiten *wirklich* sättigend? Wenn Ihnen tagsüber der Magen knurrt, könnte es daran liegen, dass Sie nicht genug essen. Denken Sie daran, dass Sie so viel Sie wollen von der Gemüseliste essen können. Überprüfen Sie, ob Sie wirklich alles essen, was Ihr Diätplan vorsieht.

6. Setzen Sie sich selbst unnötigen Verlockungen aus, auf die Sie nicht vorbereitet sind? Überlegen Sie, ob es Gelegenheiten gab, bei denen Sie über die Stränge geschlagen haben, weil Sie keine kalorienarmen Snacks bei sich hatten. Nehmen Sie sich unbedingt vor, beim nächsten Mal besser vorzusorgen. Es dauert nur ein paar Sekunden, etwas fettarmes Knäckebrot und ein wenig Obst in Ihre Tasche zu pa-

cken – aber genau das könnte Sie später vor etlichen Schokoriegeln bewahren.

7. Sollten Sie öfter einkaufen gehen? Es ist unsinnig, eine Diät nur deshalb nicht einzuhalten, weil man keine geeigneten Nahrungsmittel im Haus hat. Überlegen Sie, ob es schon einmal vorgekommen ist, dass Sie etwas Unpassendes gegessen haben, weil Sie einfach nichts anderes da hatten. Nehmen Sie sich vor, nächste Woche vernünftiger einzukaufen, indem Sie alles was Sie brauchen auf Ihren Einkaufszettel schreiben.

8. Sind die Abstände zwischen den einzelnen Mahlzeiten zu lang? Das passiert häufig, wenn man nicht gut vorbereitet ist. Siehe oben!

9. Haben Stress oder Familienprobleme dazu geführt, dass Sie zum Frustesser geworden sind? Wenn das der Fall ist, dann verzeihen Sie es sich und versuchen Sie, mit ähnlichen Problemen beim nächsten Mal anders umzugehen. Vergessen Sie nicht: sportliche Betätigung ist ein wirksames Mittel gegen Stress.

10. Haben Sie besonders gut durchgehalten? Beglückwünschen Sie sich dazu und gönnen Sie sich eine besondere Freude. Sollte diese aus Schokolade bestehen, dann achten Sie darauf, dass Sie damit Ihre Tagesration nicht überschreiten, und verbinden Sie sie mit einem anderen sinnlichen Vergnügen wie zum Beispiel Musik hören oder einem entspannenden Bad!

Kalorientabelle für Süßigkeiten

Im Rahmen der Schokoholic-Diät steht Ihnen Schokolade in begrenzten Mengen zur Verfügung. Wählen Sie Ihre Süßigkeiten aus der folgenden Tabelle aus. Um es Ihnen leichter zu machen, haben wir einige beliebte Produkte nach ihrem Kaloriengehalt sortiert. Diese sind folgendermaßen gegliedert: Mini-Größen, unter 100, 200, 250 und 300 Kalorien.

Weiterhin finden Sie eine Liste mit Pralinen, Schokoladenkeksen, Kuchen und anderen besonderen Schokoladenprodukten. Lassen Sie die Kalorien bitte nicht außer Acht und nehmen sie anstelle größerer Portionen besser täglich eine kleine Menge zu sich. Oder Sie heben sich Ihre erlaubte Schokoladenmenge bis zum Abend auf, wobei Sie aber darauf achten sollten, dass sich die Süßigkeiten bis dahin außerhalb Ihrer Sichtweite befinden. Es ist auf jeden Fall ratsam, die gestattete Menge tageweise einzukaufen, um zu Hause keinen unnötigen Versuchungen ausgesetzt zu sein.

Schokolade (wenn nicht anders angegeben je Riegel, Tafel oder Packung)

Mini-Größen	*kcal*		
Kraft		***Mars***	
Milka die kl. Alpenmilch	212	Bounty	135
Milka die kl. Haselnuss	214	Mars	80
Milka die kl. Knusperreis	206	Milky Way	75
Milka die kl. Milchcreme	236	Snickers	90

Nestlé
Kit Kat 85
Lion 75
Nuts 88

unter 100 Kalorien

Ferrero
Ferrero-Küsschen, 1 Stück 65
Ferrero-Rocher, 1 Stück 59
Mon Chérie, 1 Stück 50
Kinderschokolade, 1 Riegel 69

Kraft
Milka Milkini 70

Nestlé
Nesquik Snack, 1 Stück 98

unter 150 Kalorien

Ferrero
Happy Hippo Snack 119
Hanuta 118
Kinder Country 131

Stollwerck
Waldbaur (je Stück) 121
Vollmilchstäbchen 117
Vollmilch-Nuss Stäbchen 118

Mars
Balisto 112
Bounty 142
Duplo 108
Milky Way 133
Twix, 1 einz. Riegel 140

unter 200 Kalorien

Kraft
Milka Lila Pause Erdbeer 192
Milka Lila Pause Nuss 175
Toblerone Mini (35 g) 183

Nestlé
Yes Torti 175

unter 250 Kalorien

Kraft
Milka Schoko&Keks, 1 Riegel 205

Mars
m&m 231

Nestlé
Lion 220

unter 300 Kalorien

Mars
Mars 270
Snickers 296

Stollwerck
Sprengel Erfrischungsstäbchen 257

Nestlé
KitKat Chunky 283
Nuts 276

je Stück Süßigkeit

Nestlé
After Eight 34
Choco Crossies 25
Choco Crossies Chips 10
Choco Crossies White Chips 11
Rolo 25
Smarties 5
Smarties Mini 2

je Tafel Schokolade (100 g)

Kraft
Milka
Alpenmilch 525
Erdbeere-Joghurt 578
Ganznuss 555
Haselnuss 556
ICE 590

Joghurt	585
Mohn-Marzipan	580
Noisette	554
Nuss-Nougat	550
Trauben-Nuss	485
Weisse	545
Weisse Cocos	585
Zartherb	542

Stollwerck

Sarotti	
Edel-Marzipan	502
Butter-Nougat	551
Halbbitter	543
Joghurt-Creme	571
Knusper-Karamel	522
Mokka-Sahne-Creme	567
Vollmilch	533
Vollmilch-Noisette	549
Vollmilch-Nuss	549
Vollmilch-Orange	485
Vollmilch-Trauben-Nuss	487
Weisse-Crisp	528
No. 1 Chocolat	
Bitter 72% Kakao	537
Bitter mit Kakaokernen	562
Vollmilch	582
Vollmilch-Mandelsplitter	585
Vollmilch-Nuss	586
Weisse m. Boubonvanille	562

Stollwerck

Alpia	
Edel-Marzipan	501
Edel-Minze	478
Edel-Nougat	547
Erdbeer-Joghurt	552
Summer Fresh Citrone	550
Summer Fresh Erdbeere	550
Summer Fresh Kirsche	549
Vollmilch	543
Vollmilch-Nuss	563
Vollmilch-Sunflower-Flakes	541
Vollmilch-Trauben-Nuss	495
Weisse	562
Zartbitter	516

Stollwerck

Karina	
Cappucino+Sahne	553
Edelrahm	543
Vollmilch-Mandel	560
Vollmilch-Nuss	574
Vollmilch-Trauben-Nuss	509
Weisse mit Krokant + Crispies	545
Weisse-Nuss	579
Zartbitter-Nuss	555
Zartherbe Sahne	540

Stollwerck

Condor	
Milch	513
Milch-Nuss	522
Milch-Trauben-Nuss	482
Zartbitter	489

Stollwerck

Waldbaur	
Kernbeisser	
Edelrahm	543
Vollmilch-Mandel	562
Vollmilch Nuss	574
Vollmilch-Trauben-Nuss	509
Weisse mit Nüssen + Crisp	557
Weisse-Nuss	587
Zartbitter-Nuss	555

weitere Schokoladenprodukte
(Angaben je 100 g)

Kraft

Milka	
Luflée Riegel	540
Luflée Joghurt	535

Snack Pack	
Ministicks	440
Peanuts&Flakes	515
Kraft	
Marabou/Daim	
Daim	570
Marabou	
Choko Soft Toffee Rolle	490
Mint-Choko Rolle	490
Nougat-Creme Rolle	570
Vollmilch Rolle	550
Vollmilch-Nuss Rolle	575
Zartbitter Rolle	550
Stollwerck	
Alpia für Kinder	
Schokoladen Bonbons	550
Vollmilchstäbchen	557
Alpia Knusper Gipfel	519
Diät	
Edel-Nougat	551
Erdbeer-Joghurt	582
Katzenzungen	550
Marzipan Happen	522
Nougat Happen	577
Vollmilch-Schokolade	550
Vollmilch-Nuss-Schokolade	565
Zartbitter-Schokolade	516
Stollwerck	
Alprose	
Luftschokolade (Vollmilch)	530
Schokolade&Keks	560
Waldbaur	
Erdbeer-Joghurt Stäbchen	565
Feine Minz Stäbchen	558
Katzenzungen	543
Knusper Schoklis	519
Marzipanhappen	487
Nougathappen	575
Nussbeisser	582
Vollmilchstäbchen	586
Vollmilch-Nuss Stäbchen	588
Kernbeisser	
Baumstamm Nougat-Mar.	521
Baumstamm ganze Nuss	541

Pralinen

Kraft (je 100 g)	
I Love Milka Marzipan	515
I Love Milka Noisette	553
I Love Milka Nuß-Nougat	555
Milka Montelino	550
Nestlé (je Stück, im Durchschnitt)	
The After Eight Collection	42
Quality Street	92
7 Länder Spezialitäten	63
Stollwerck (je 100 g)	
Sarotti	
Feinste Auslese	533
Kleine Pyramiden	535
Kleine Schlemmerei	530
Sprengel	
Herzkirschen	408
India	500
Maria Theresia	513
Tiamo Amaretto	507
Tiamo Cognac-Sahne	495
Tiamo Marc de Champagne	513
Tiamo Sahne-Nuss	521
Tiamo Trüffelmischung	530

Oster-Artikel

Ostereier sollte man nicht auf einmal verzehren, sondern die geöffnete bzw. angebrochene Packung in einem geeigneten Behältnis aufbewahren. Genießen Sie jeden Tag einige dieser Köstlichkeiten. Die angegebenen Kalorienwerte beziehen sich natürlich auf das gesamte Osterei; gewöhnlich ist die Füllung der Eier kalorienreicher als die Umhüllung, die meistens aus sehr dünner Schokolade besteht.

Kraft (je 100 g)

Milka	
Alpenmilch Eier	520
Blätterkrokant Eier	490
Löffelei	560
Marzipan Eier	440
Mousse au chocolat Eier	530
Nougat Praline Eier	530
Orange Trüffel Eier	525
Sahne Creme Eier	585
Exclusive Eier Eierlikör	460
Exclusive Eier Kirschwasser	370
Exclusive Eier Weinbrand	335

Stollwerck (je 100 g)

Eierlikör Eier	461
Weinbrand Eier	449

Weihnachts-Artikel

Kraft (je 100 g)

Milka	
Knustiner Apfel-Zimt	500
Knustiner Vanille	505
Weihnachtsschokolade	490
Winterknusper	501

Müsli/Cerealien

(Bei Cerealien und Müslis stehen die Kalorien- bzw. Energieangaben in der Regel detailliert auf der jeweiligen Packung.)

Kellog's (je 100 g)

Choco Krispies	381
Chocos	378
Choco Smacks	389
Toppas Choco	400

Nestlé (pro Portion à 30 g, zubereitet mit 125 ml Milch, 1,5 % F)

Nesquik Knusper-Frühstück	178

Brotaufstrich (Angaben je 100 g)

Milky Way	531
Milky Way Knusperreis	533
Nudossi	531
Nusskati	549
Nutella	514
Snickers Spread	548
Zentis Nusspli	520

Kleinkuchen/Gebäck/Kekse

Bahlsen (je 100 g)

Afrika Edelherb	552
Afrika Vollmilch	540
Choco Friends	545
Comtess Choco Chips Kuchen	459
Conditola Schokokuchen	419
Country Cookies Schoko	507
Hit	518

Leibniz Schokokeks	
Edelherb	513
Vollmilch	509
Leibniz Teddys	502
Messino Orange Vollmilch	426
Ohne Gleichen Edelherb	576
Vollmilch	575

Schokini	499
Spécialité Suisse	
Chocomousse	555
Twingo	559
Waffeletten Edelherb	537
Vollmilch	528
De Beukelaer (je Stück)	
Prinzen Minis	36
Prinzen Rolle	77
Dickmann (je Stück)	
Knoppers	132
Ferrero (je Stück)	
Hanuta	118
Kraft (je Stück)	
Milka Schoko&Keks Minis	55
Milka Tender Milch	189
Milka Tender Nuss	189
Milka Tender Schoko	155
Mc Donald's (je 100 g)	
Donuts Schoko	424
Nestlé (je Stück)	
After Eight Biscuits	26
Bären Snack	148
Nesquik Snack	98
Yes (Cacao, Caramel, Nuß)	175
Yessini (Cacao, Caramel)	78
Yes petits fours	90
Stollwerck	
Wurzener (je 100 g)	
Extra Vollmilch	512
Extra Zartbitter	514
Schoko-Mürbgebäck	465

Pudding und Desserts

Knorr (je 100 g)	
Majala Dessert-Sauce mit Schoko	1150
Majala Mousse au chocolat	220
Majala Mousse Dessert Cappuccino	65
Nestlé	
Creme mit Splits (120 g)	
Schoko mit Sahnehaube	184
Doppeldecker (125 g) Schoko + Vanillesoße	141
Nestlé (je Becher)	
Caramel Mousse	103
Mousse au Chocolat Classic	104
Mousse au Chocolat Noir	84
Duo de Café & Sahne	160
Duo de Choco & Sahne	179
Duo de Choco & Vanilla	164
Duo de Mousses	155

Getränke/Getränkepulver

Kraft (je 100g Pulver)	
Kaba Schoko	365
Milka Drink	381
Suchard Express	370
Nestlé (je 150 ml, zubereitet mit Milch, 3,5 % F.)	
Feinste heiße Schokolade	158
Nesquik	154
Nesquik zuckerreduziert	153
Chococino, mit Wasser, 150 ml	123
Nesquik trinkfertig, 333 ml	268
Nesquik Schokosirup, 4–5 TL	33

Eis und Eistorten

Langnese (je 100 ml)	
Carte d'Or Schokolade	110
Gino Ginelli Chocolata Caramel	90
Vienetta Cappucino	143

Vienetta Schokolade	139
Eis am Stiel, pro Portion:	
Cornetto Schokolade	252
Magnum Classic	293
Magnum Nougat	308

Schöller (je 100 ml)

Manhattan Double Chocolate	215
Mövenpick Chocolat Chips	253
Schlemmerbombe Nougat	242

Nestlé – Motta Eis

Nesquik (70 ml)	111
Smarties pop up (90 ml)	248
Wellness-Becher, Vanille-Schokolade (120 ml)	81
Eisbecher und -torten, je 100 ml:	
After Eight	193
Bärenmarke Schoko	204
Cappucino-Torte	209
Lion Choco-Caramel & Crisp	249
Nesquik	185

Beratungsadressen

Wenn Sie das Gefühl haben, dass Sie im Zusammenhang mit Ihrer Schokoladensucht oder einer anderen Form der Essstörung professionelle Hilfe benötigen, sollten Sie diese unbedingt in Anspruch nehmen. Wenden Sie sich dazu an Ihren Hausarzt oder an eine der nachfolgend aufgeführten Adressen. Wenn Sie schriftlich Kontakt aufnehmen möchten, legen Sie Ihrem Schreiben bitte einen an Sie adressierten und ausreichend frankierten Briefumschlag bei.

Bundesfachverband Essstörungen e. V.
Kurt-Schumacher-Str. 2
34117 Kassel
Tel.: 0561/713493

Bundeszentrale für gesundheitliche Aufklärung
Ostmerheimer Str. 220
51109 Köln
Tel.: 0221/89920

Deutsche Gesellschaft für Ernährung e. V.
Godesberger Allee 18
53175 Bonn
Tel.: 0228/3776600

Deutsches Institut für Ernährungsforschung
Arthur-Scheunert-Allee 114
14558 Bergholz-Rehbrücke
Tel.: 033200/88–0
Ernährungsberatung
Tel.: 033200/88–469

Institut für Therapie-
forschung
Parzivalstr. 25
80804 München
Tel.: 089/3608040

WAAGE e.V., Kontakt-, Informations- und Beratungsstelle für Frauen mit Essstörungen
Eimsbütteler Str. 53
22769 Hamburg
Tel.: 040/4914941

Wenn Sie mir schreiben möchten, meine Adresse lautet:

Sally Ann Voak
PO Box 618
Coulsdon
Surrey
CR5 1RU
England